JN065038

実務セレクト

刑事警察
110判例

江原　伸一　著

は し が き

　近年の犯罪情勢をみると、情報化や国際化の進展に伴い、特殊詐欺が横行するなど新たな犯罪が増大し、市民生活の大きな脅威となっている。このような情勢を踏まえて、通信傍受制度やＤＮＡ型鑑定制度の推進など、刑事司法制度面でも新しい取組みがなされている。このため、刑事警察に関係する判例も数多く現れている。

　本書は、刑事警察に携わる実務家の参考となるよう、平成20年代以降の刑事警察分野に関わる主要判例110件を選定し、「強行犯罪」、「知能犯罪」、「窃盗犯罪」、「暴力犯罪」、「薬物・銃器犯罪」、「鑑識・鑑定」、「刑事手続の諸問題」に大別して整理したものである。各判例については、判例理解のためのポイント、事案概要、判決要旨、解説を、見開き2頁にまとめている。また、刑事実務の参考となる用語解説を「豆知識」として加えている。

　本書が、刑事警察を担当する実務家や刑事警察を目指す方々の参考となれば幸いである。本書の出版に当たり、東京法令出版の皆さんにお世話になった。厚くお礼申し上げたい。

　令和2年3月

江原　伸一

凡　　例

○　法令

憲法…………………………	日本国憲法
警職法………………………	警察官職務執行法
刑訴法………………………	刑事訴訟法
通信傍受法…………………	犯罪捜査のための通信傍受に関する法律
身元調査法…………………	警察等が取り扱う死体の死因又は身元の調査等に関する法律
裁判員法……………………	裁判員の参加する刑事裁判に関する法律
組織的犯罪処罰法…………	組織的な犯罪の処罰及び犯罪収益の規制等に関する法律
盗犯等防止法………………	盗犯等ノ防止及処分ニ関スル法律
暴力団対策法………………	暴力団員による不当な行為の防止等に関する法律
銃刀法………………………	銃砲刀剣類所持等取締法
麻薬取締法…………………	麻薬及び向精神薬取締法
麻薬特例法…………………	国際的な協力の下に規制薬物に係る不正行為を助長する行為等の防止を図るための麻薬及び向精神薬取締法等の特例等に関する法律
ストーカー規制法…………	ストーカー行為等の規制等に関する法律
独占禁止法…………………	私的独占の禁止及び公正取引の確保に関する法律
官製談合防止法……………	入札談合等関与行為の排除及び防止並びに職員による入札等の公正を害すべき行為の処罰に関する法律
再生医療法…………………	再生医療等の安全性の確保等に関する法律

○　文献

判時…………………………	判例時報
判タ…………………………	判例タイムズ
裁判所 web ………………	裁判所ウェブサイト・裁判例情報（www.courts.go.jp/app/hanrei_jp/search1）
ＷＪ…………………………	ウエストロー・ジャパン（Westlaw Japan）

〔参考文献〕

警察官実務六法（東京法令出版）

判例六法（有斐閣）

法律学小辞典（有斐閣）

警察実務用語事典（日世社）

目　　次

| 第 1　強行犯罪 |

4

第2　知能犯罪

6

第3　窃盗犯罪

第4　暴力犯罪

第5　薬物・銃器犯罪

第 6　鑑識・鑑定

第 7　刑事手続の諸問題

豆知識

第1

強行犯罪

立てこもり発砲殺人事件

最高裁平成23年3月22日決定

根拠法条：刑法95条、199条、203条、204条、220条、銃刀法31条1項、31
　　　　　条の3第2項
参考文献：判時2153号

ポイント　未必的な殺意と死刑の可否

事案概要

　Xは、元妻Aに執着して、けん銃を準備してAを自宅に呼び出し、復縁を求め
たものの拒絶され、更に復縁を迫ろうとしたところ、一緒にいた長男B及び次女
Cが110番通報をした。

　警察官甲が駆けつけたが、Xは、殺意を持ってけん銃を1回発射して甲の頸部
に命中させ、甲の職務執行を妨害し、甲は全治不明の傷害を負った（①の犯行～
殺人未遂及び公務執行妨害）。

　Xは、続けて、Bに対してけん銃を発射し、加療約3か月間を要する傷害を負
わせた（②の犯行～殺人未遂）。その直後、Xは、Cに対してけん銃を発射し
て、全治約2か月間を要する傷害を負わせた（③の犯行～傷害）。

　Xは、Aを自宅に連れ込んで不法に監禁し（④の犯行～監禁）、人質として立
てこもった。その間、Aに暴行を加え、全治約1週間を要する傷害を負わせた
（⑤の犯行～傷害）。

　また、自宅前路上において、人質救出等の職務に当たっていた防弾衣着用の警
察官乙に対して、けん銃を1回発射して乙の左胸部に命中させ、乙を殺害した
（⑥の犯行～殺人、公務執行妨害、銃刀法違反）。

　その後、Xは投降したが、その際、けん銃と適合実包を所持していた（⑦の犯
行～銃刀法違反）。

　Xは、殺人、殺人未遂、傷害、監禁、公務執行妨害、銃刀法違反で起訴され
た。1審及び2審は、Xを有罪（無期懲役）とした。検察官が上告し、死刑を求
刑した。

決定要旨　上告棄却

　Xは、Aとの復縁に執着する余り、けん銃を持ち出した上、Xの行為を妨害しようとする者を排除するなどのために本件一連の犯行に及んだものであって、身勝手な動機に酌量の余地はない。

　量刑上重視すべき①、②及び⑥の各犯行についてみるに、まず、①及び②の各犯行は、いずれも確定的殺意をもって、至近距離からけん銃を発射するという危険性の高いものであり、殺害するには至らなかったものの、いずれの被害者に対しても重傷を負わせている。

　特に、①の犯行の被害者である警察官は、重傷を負わされながら、その後5時間余りにわたって救助を阻止された上、胸部以下が不随になるという重い後遺障害を負っている。そして、⑥の犯行は、職務に当たっていた別の警察官を射殺したものであって、凶悪な犯行であり、結果が重大であることはいうまでもない。死亡した警察官の遺族や被害者らの処罰感情が厳しいのも当然であり、本件犯行が社会に与えた衝撃も大きい。

　これらの事情に照らすと、Xの刑事責任は誠に重大というべきであり、殊に、適法に職務執行中の警察官2名に対してけん銃を発射し、1名を殺害し、1名にひん死の重傷を負わせたことからすれば、Xを死刑に処すべきであるとする検察官の主張も理解できないではない。しかしながら、他方において、⑥の犯行については、Xには未必的な殺意が認められるにとどまること、綿密、周到な計画性があったとはいえないこと、被害者らやその遺族に対して謝罪の態度を示していることなどの事情が認められる。

　以上のような事情を総合考慮して、Xを無期懲役刑に処した第1審判決を維持した原判決について、その刑の量定が甚だしく不当で破棄しなければ著しく正義に反するものとまでは認められない。

解説

　本件において、検察官は事案の凶悪性や結果の重大性に鑑み死刑を求刑していたが、最高裁においても、1、2審の無期懲役刑の判断が維持された。

　警察官殺害の犯行に関して、2審判決においては、警察官が死亡するに至ったのは、犯人が発射したけん銃の弾丸が、防弾衣の防弾性の乏しい部分に当たって貫通したという偶発的要素があったと判断された。

逆恨みによる殺人未遂

東京地裁立川支部平成29年2月28日判決

根拠法条：刑法203条、銃刀法31条の18第3号、22条
参考文献：裁判所 web

ポイント　強固な殺意に基づく理不尽な犯行

事案概要

　Yは、芸能活動をしていたEの存在を知り、Eの出演する舞台を複数回見に行き、花や本等のプレゼントを渡していた。Yは、Eに恋愛感情を抱くようになり、Eがシンガーソングライターとして出演するライブに行き、誕生石付きの腕時計等をプレゼントとして手渡した。

　その後、Yが、Eのツイッターにプレゼントが要らないならば返してほしいと書き込んだところ、実際に腕時計等が返送されてきたため、自尊心が傷つけられたと感じて怒りを覚え、Eのツイッターやブログに悪口を書き込んだ。これに対し、Eは、Yによる書き込みや閲覧ができなくなる措置を講じたが、Yは逆恨みして怒りを募らせた。

　Yは、Eのブログを見て出演するライブを確認し、折りたたみ式ナイフを購入して、Eに接触して腕時計等を返送した理由を問いただそうとした。当日、Yは、ライブ会場の最寄り駅付近で待ち伏せ、やって来たEに声を掛け、Eが拒絶したにもかかわらず、なおも食い下がりライブ会場付近まで追従した。Eは、携帯電話で110番通報し、開演前なので関係者以外立入禁止であると告げ、ライブ会場に入ろうとした。

　Yは、Eから話し合いを拒絶されたと悟り、憤激して、E（当時20歳）に対し、殺意をもって、折りたたみ式ナイフ（刃体の長さ約8.4センチメートル）で、Eの頸部、胸部、背部等を多数回突き刺すなどした（殺害には至らなかった）。

　Yは、殺人未遂及び銃刀法違反で起訴された。

| 判決要旨 | 有罪（懲役14年6月） |

　犯行態様についてみると、鋭利な折りたたみ式ナイフを利用して、Ｅの背後から急襲し、首や胸、背中など生命維持に不可欠な主要血管や臓器が集中する部位を、目撃者の制止を無視し、Ｅが抵抗できない状態になった後も執拗に刺し続けるなど、34箇所もの刺切創を生じさせる多数回の刺突行為等に及んでいる。その際、Ｙは、Ｅの頸部の主要静脈に穴があいたり、右肺に達するほどの強い力で刺突行為を行っている。

　Ｅは、約107日間の入院治療が必要な内頸静脈部損傷や右肺損傷等の傷害、全治不明の口輪筋力低下などの傷害を負ったほか、心的外傷後ストレス障害により日常生活に困難を来しているなど、Ｅに与えた影響は深刻で、結果は重大である。

　本件犯行は一定の計画性をもって行われたものであるし、態様の執拗性等からすれば、殺意は非常に強固なものであった。Ｙは、芸能活動を行っているＥのファンという立場を超えて、一方的に恋愛感情を抱き、その思いが受け入れられず、プレゼントを返送されたこと等により、落ち度のないＥを逆恨みして本件犯行に及んでいるのであって、動機に酌むべきところは一切なく、その意思決定には厳しい非難が値する。

解説

　本件は、①芸能活動をしていた被害者に恋愛感情を抱いていた犯人が、手渡ししたプレゼントを返送した理由を問いただそうとしたが、相手にされず拒絶されたことで憤激し、殺意をもって、被害者を折りたたみ式ナイフで多数回刺し、重傷を負わせたという殺人未遂、②その際ナイフを正当な理由なく所持したという銃刀法違反の事案である。

豆知識① 犯罪

　犯罪とは、刑罰を科せられる行為であり、犯罪構成要件に該当し、違法かつ有責な行為である。構成要件とは、犯罪行為を特徴づける類型をいい、可罰的行為の輪郭を明らかにして、犯罪と犯罪でない行為とを区分する機能を果たしている。

シアン使用連続殺人事件

京都地裁平成29年11月7日判決

根拠法条：刑法199条、243条、240条
参考文献：判時2391号

ポイント   青酸中毒死に関する情況証拠による有罪認定

事案概要

　Sは、知人甲に対して少なくとも約4,000万円の債務を返済する必要に迫られ
ていたが、甲を殺害して債務を免れようと考え、平成19年12月、神戸市内におい
て、甲（当時78歳）に対し、殺意をもって、カプセルに入れたシアン化合物を服
用させた。その後、甲はシアン中毒に陥ったが、救急搬送されて治療を受け、全
治不能の高次機能障害等の傷害を負った（強盗殺人未遂）。

　Sは、平成24年3月、大阪府内において、当時結婚を前提として交際していた
乙（当時71歳）に対し、乙の遺産を取得する等の目的で、殺意をもって、カプセ
ルに入れた致死量のシアン化合物を服用させた。乙は、バイクで走行中に意識を
失って転倒し、病院に救急搬送されたが、シアン中毒により死亡した（殺人）。

　また、Sは、平成25年9月、兵庫県内において、当時内縁関係にあった丙（当
時75歳）に対し、丙の遺産を取得する等の目的で、殺意をもって、カプセルに入
れたシアン化合物を服用させた。丙は、駐車場の自動車内においてシアン中毒に
陥り、病院において死亡した（殺人）。

　さらに、Sは、平成25年12月、京都府内において、当時の夫である丁（当時75
歳）に対し、丁の遺産を取得する等の目的で、殺意をもって、カプセルに入れた
致死量のシアン化合物を服用させた。丁は、自宅2階洋間においてシアン中毒に
より死亡した（殺人）。

　Sは、殺人及び強盗殺人未遂で起訴された。

判決要旨　有罪（死刑）

　遺産取得目的の殺人や債務を免れる目的の強盗殺人未遂という、自分の金銭欲のために人の生命を軽視するこの種の類型は、その罪質自体からして非常に悪質な部類に属する犯行で、最も重く処罰される類型の一つである。しかも、いずれの被害者にも落ち度は全くないのに、3名を死亡させ、1名に対しては一命こそ取り留めたものの全治不能の高次機能障害等といった重篤な傷害を負わせたもので、結果は極めて重大である。

　さらに本件は、約6年間という短期間に4回も反復して行われており、その都度、人の生命を軽視して犯行に及んだという点で、各犯行が一つの機会になされた場合と比べても、より強く非難されるべき犯行である。

　Sは、結婚相談所で知り合った被害者らが、Sのことを将来を共にする配偶者、あるいは多額の金を貸す間柄として信頼していたことを利用し、シアン化合物を事前にカプセルに入れて、健康食品などと偽って服用させており、その手口は巧妙かつ卑劣である。

　シアン化合物は少量でも死に至る猛毒であるから、その犯行は人の生命を奪う危険性の高いものであるし、被害者らへの強固な殺意の下、事前に計画、準備した上で各犯行に及んでいるのであって、犯行態様は悪質といえる。

解説

　本件は、犯人（判決時70歳）が、資産家の男性と結婚等を繰り返し、遺産取得や債務を免れる目的で、夫（内縁の夫も含む）や知人男性ら4名にシアン化合物を服用させたという連続毒殺事件である。

　本判決において、犯人性認定に関して、①犯人は犯行時にシアン化合物を所持しており、カプセルに詰め替え、被害者に疑いを持たれることなく飲ませることができる関係であり、犯行可能性が肯定されること、②シアン化合物の服用前後の時間帯に一緒にいたと認められること、③被害者死亡以前から遺産取得に向けた行動を取っていたこと、以上を総合して犯人性が肯定される、と判断された。

睡眠薬混入による殺人行為

千葉地裁平成30年12月4日判決

根拠法条：刑法199条、203条、204条
参考文献：裁判所 web

ポイント　睡眠導入剤を摂取させた行為と殺人の実行行為性

事案概要

　Wは、千葉県内の老人ホームにおいて准看護師として勤務していた。①Wは、平成29年2月5日昼頃、老人ホーム事務室において、同僚A（当時60歳）に対し、睡眠導入剤数錠をひそかに混入したコーヒーを提供して飲ませた。Aは意識障害等を伴う急性薬物中毒となり、自動車を運転して鉄パイプ柵に衝突させる事故を起こした。その後、Wは、事務室で休んでいたAに対し、車が走行可能である旨告げて、車で帰宅するよう仕向けた。午後5時半頃、Aは車を運転中に仮睡状態等に陥り対向車線に進出し、折から進行してきた貨物車と衝突した。この衝突事故により、Aは死亡し、貨物車の運転者Bは左胸部打撲の傷害を負った（殺人、殺人未遂）。

　②Wは、5月15日昼過ぎ、老人ホーム事務室において、同僚C（当時69歳）及び夫D（当時71歳）に対し、睡眠導入剤数錠の溶液をひそかに混入したお茶を提供して飲ませた。Cらは意識障害等を伴う急性薬物中毒となって事務室で寝ていたが、Wは帰宅時間である旨を告げてCらを起こして、車で帰宅するよう仕向けた。午後6時頃、Dは車を運転中に仮睡状態等に陥り対向車線に進出し、折から進行してきた貨物車と衝突した。この衝突事故により、C及びDは全身打撲等の傷害を負い、貨物車の運転者Eは頸椎捻挫等の傷害を負った（殺人未遂）。

　③Wは、6月8日昼頃、老人ホーム事務室において、同僚F（当時37歳）に対し、Fが机の上に置いていたお茶にひそかに睡眠導入剤数錠の溶液を混入して飲ませた。Fは、約8時間にわたる意識障害等を伴う急性薬物中毒となった（傷害）。

　Wは、殺人、殺人未遂、傷害で起訴された。

判決要旨　　有罪（懲役24年）

　殺人、殺人未遂の犯情について検討するに、Wは、勤務先から車を運転して帰宅する予定である同僚やその夫に対しひそかに睡眠導入剤を摂取させ、その者らに意識障害等が生じている状態を認識しながら、車を運転して帰宅するように仕向けたものである。このようなWの行為は、その者らや巻き込まれた第三者らを死亡させる事故を含め、あらゆる態様の事故を引き起こす危険性が高いものである。

　また、ひそかに睡眠導入剤を摂取させて交通事故を引き起こさせるという態様は、死の結果を含む結果発生の直接の原因が交通事故となり、そこには自分は手を下さないという点で、さらには、被害者らが死亡するなどしなくても、結果として交通事故の加害者にされかねないという点で、卑劣な態様というべきである。同僚らとしては、職場での飲み物にまさか睡眠導入剤が、しかも、健康を守るべき准看護師の職にあるWから混入されるとは想像しないので、その点でも、周囲の信頼を裏切る悪質な犯行である。

　傷害についてみると、動機は被害者の様子に嫉妬するなどしたという身勝手なものであり、酌量の余地はない。Wは、ひそかに睡眠導入剤入りの飲み物を被害者に摂取させて、約8時間にわたる意識障害等を伴う急性薬物中毒の傷害を負わせたものであり、意識障害等により転倒するなどのおそれも考えると、相当危険な態様である上、同僚の信頼を裏切る犯行でもある。

解説

　本件は、准看護師資格を有する犯人が、①未必の殺意の下に、勤務先老人ホームの同僚に対し、ひそかに睡眠導入剤入りの飲み物を飲ませ、仮睡状態や意識障害等の急性薬物中毒の症状を生じさせた上、同僚が車を運転して帰宅するよう仕向け、交通事故を引き起こさせ、同僚を死亡させるとともに、相手方運転者にも傷害を負わせたという殺人、殺人未遂、②同様の方法により、別の同僚とその夫、相手方運転者に傷害を負わせたという殺人未遂、③さらに別の同僚に睡眠導入剤入りの飲み物をひそかに飲ませ、意識障害等を伴う急性薬物中毒の傷害を負わせたという事案である。

仮想通貨強奪のための殺人

名古屋高裁令和元年5月23日判決

> 根拠法条：刑法60条、190条、240条、246条の2
> 参考文献：裁判所 web

ポ イ ン ト　**殺害行為の首謀者の責任**

事 案 概 要

　Ｇは、知り合った乙から、仮想通貨ビットコインに関連するネットワークビジネスに加わるよう誘われていた。その後、Ｇは、友人Ｋに対し、「殺したい女性がいる。2,000万円くらいビットコインを持っている。勧誘がしつこくてむかつく。」などと話して、乙殺害への協力を求めた。

　Ｇは、Ｋと共謀して、平成29年6月、滋賀県内において、乙（当時53歳）を無理やり自動車の荷物庫に押し込むなどの暴行を加えて反抗を抑圧し、現金約5万円、スマートフォン、タブレット端末等42点（時価合計6万8,000円余）を強取した。さらに、殺害現場に至り、Ｇが荷物庫から出てきた乙を転倒させ、Ｋに「びびるな、やれ。」と命じ、Ｋが馬乗りになって両手で首を絞めるなどして、乙を殺害した。その後、乙の遺体の手足を結束バンドで縛った上、旅行鞄に入れて、Ｇの親族の管理する別荘に運び込み、建設機械で土中に埋めた。

　さらに、Ｇは、暗証符号等を用いて、乙名義口座にあったビットコインを自己名義口座に移し、それを換金して35万円余りの現金を手に入れた。

　Ｇは、強盗殺人、死体遺棄、電子計算機使用詐欺で起訴された。1審は、Ｇを有罪（無期懲役）とした。Ｇは控訴し、殺害の実行犯はＫであるのに共同実行したと認定しているのは不備であるなどと主張した。

判 決 要 旨　**控訴棄却**

　強盗殺人・死体遺棄の犯行は、Ｇがあらかじめ死体の処理方法等をインターネットで調べた上、死体を入れるため大型の旅行鞄を用意し、口実を設

けて乙を呼び出した後に、Kを引き込んで計画的に金品を奪って乙を殺害し、発覚を免れるためにその死体を土中に埋めて遺棄したものであり、その罪質や内容等を考慮しただけでも、甚だ利欲的で計画性の高い極めて悪質な重大事犯といわなければならない。

　しかも、Gは、催涙スプレーを噴射して乙の視力に障害を生じさせたほか、病院に着いたと虚偽の事実を申し向けて降車させた乙を自動車の荷物庫に押し込み、仮想通貨に係る乙名義の口座の暗証符号等の記載されたノートなどを奪った上、Kに指示して殺害行為の大半を実行させ、用意した建設機械で土中深くに死体を埋めるという凶悪な犯行を冷徹に実行した。

　当初の犯行予定日にKがおじけづいて参加を断るとともに、犯行の断念を懇願されたのに、数日後に乙を呼び出した後、事情を知らせずに呼び出したKを引き入れて実行に及んだものであり、犯意が強固であることに加え、人命軽視の態度も甚だしく、犯行を自ら首謀かつ主導した主犯としてその第一次的な責任を負うべき立場にあるだけではなく、Kを重大犯罪に引き込んだ行為ももとより看過できない。

解説

　本件では、犯人が、被害者の持つビットコインなどの財産を奪うという利欲目的で殺害を企て、共犯者を犯行に引き込み、被害者を呼び出した上で所持金品を奪って殺害し、あらかじめ用意した旅行鞄に遺体を入れ、犯行発覚を避けるために建設機械を用いて遺体を埋めて隠蔽している。さらに、被害者の所持品に記載された暗証符号等を用いて、被害者のビットコインを自らのものにしている。

　なお、共犯者が共謀して犯罪を実行した場合においては、どちらかが現実に実行行為を分担したかを明示しなくても犯罪事実の記載として欠けることはないとの判例がある（最高裁昭和23年11月10日判決）。

6 嬰児４名の死体放置
大阪地裁平成30年７月２日判決

根拠法条：刑法190条
参考文献：裁判所 web

ポイント　死体の葬祭義務と不作為による遺棄行為

事案概要

　Ｖは、大阪府内の文化住宅居宅で平成４年10月12日頃死亡した男児の母親であり、同児を葬祭する義務があったのに、その頃から平成27年６月頃までの間は、同居宅の押入れ内において、その後平成29年11月20日までの間は、Ｖ方押入れ内において、同児の死体を円柱形のポリバケツ内にコンクリート詰めにした状態で放置した。Ｖは、その後も自らの子である男児１名、女児２名の嬰児の死体をポリバケツ内にコンクリート詰めにして押入れ内に放置していた。

　Ｖは、平成29年11月20日、４児の死体を自宅に置いてある旨申告して自首し、警察官が４児の死体の入ったポリバケツを梱包した段ボール箱４箱を発見した。Ｖは、死体遺棄で起訴された。

判決要旨　有罪（懲役３年・執行猶予４年）

　Ｖは、本件４児の母親であり、文化住宅居宅において４児の死亡当時、他人にその存在を明らかにしていなかったのであるから、その死体を葬祭すべき義務を負っていた。そして、Ｖは、その頃から平成29年11月20日までの間、転居に伴い移動させながら、４児の死体を居宅やＶ方の押入れ内で放置していた。

　その間、居宅やＶ方には家族も居住していたものの、Ｖが４児を妊娠・出産したことや４児の死体が放置されていることを知っていたのはＶのみであり、それらの死体はポリバケツ内にコンクリート詰めにされて押入れ内に入れられるという、事情を知らない者によって発見されることが想定し難い状

態で放置されていた。同居人ら他人による4児の葬祭はおよそ期待できなかった。

　このように、本件においては、4児の死体を葬祭するか否かはVのみに委ねられ、Vが4児の死体をその支配領域下に置いていたと評価できることに鑑みると、Vが4児の死体を葬祭すべき義務は消滅しておらず、その義務に違反する行為として、不作為による遺棄が継続していた。

解説

　本件は、母親が実子である嬰児4名の死体を長期間にわたって放置していたという、特異な死体遺棄事案である。

　本件犯人である母親は、出産してすぐの頃から自首するまでの約20～25年間という極めて長期間にわたり嬰児の死体を放置していた。4名の嬰児の死体は、コンクリートが直接触れないようタオル等で包み、数珠と一緒にポリバケツに入れていた死体もあるなど一定の配慮は行ってはいたものの、コンクリート詰めした状態で、他の荷物と一緒に押入れ内で放置されていた。

　本件は、死者に対する社会の宗教感情を大きく害する犯行であった。犯行理由としては、葬儀を行う金銭的余裕がない、死体をそのままの形で残したいなどの考えがあったなどとされているが、独りよがりで身勝手な考えと判示されている。

豆知識②　不作為犯

　期待される一定の行為を行わないことにより実現される犯罪をいう。犯罪構成要件が不作為を規定している真正不作為犯（不退去罪など）と、犯罪構成要件は作為を規定しているが、不作為により実現される不真正不作為犯（火種を消さずに放置して火災を生じさせた放火罪など）がある。

7 衣装ケース投棄と死体遺棄の故意

神戸地裁令和元年6月25日判決

> 根拠法条：刑法60条、190条
> 参考文献：裁判所 web

|ポ|イ|ン|ト|　**死体遺棄の未必的な認識**

|事|案|概|要|

　Nは、Oから衣装ケースの処分を手伝うように依頼された。Nは、衣装ケースの中に人の死体が入っているかもしれないと認識しながら、Oと共謀の上、平成30年8月9日、大阪市内のO方において、Aの死体が入れられていた衣装ケースを段ボール箱に入れるなどした。その後、その段ボール箱を兵庫県内の湖岸まで自動車等で運搬し、衣装ケースに土嚢を結束させて湖中に投げ入れた。

　Nは、死体遺棄で起訴された。公判において、弁護人は、Oと共に湖中に投げ入れた段ボール箱内にAの死体が入れられていることをNは知らなかったから、死体遺棄の故意はなく、無罪である旨主張した。

|判|決|要|旨|　**有罪（懲役1年6月・執行猶予3年）**

　関係証拠によれば、①死体が入れられていた衣装ケースは、縦約37センチメートル、横約70センチメートル、高さ約33センチメートルの大きさがあった上、Nは、内容物を含む衣装ケースの重さが40ないし50キログラムほどであると認識していたこと、②Nは、Oと共に、その衣装ケースをベニヤ板を敷いた段ボール箱に入れ、ガムテープで巻いて梱包し、防犯カメラのあるエレベーターを避け、非常階段を使って4階から1階まで人力で運び下ろしてレンタカー内に積載し、80キロメートル以上離れた人気のない湖まで運搬し、夜になるまで3時間以上待った上、50キログラムの土嚢をくくり付けて湖中に沈めたことが認められる。

　以上の事実によれば、Nは、その衣装ケースには相当の大きさ及び重量が

あり、かつ、徹底的に人目につかないように投棄しなければならないものが入っていると認識していたことが容易に推認される。そして、一般の常識に照らして、このような投棄物としてまず想起されるのは人の死体であると考えられることからすると、当該投棄物が死体である可能性を想起しなかったとみることのできる特段の事情が認められない限り、Nが衣装ケースの中に人の死体が入っているかもしれないという認識を有していた事実を推認させる。

解説

　本件犯行態様は、死体の入っていた衣装ケースを段ボール箱に入れ、土嚢を結束させた上で湖中に沈める、という悪質なものであった。

　犯人は、投棄物が死体であるとの確定的な認識までなく、また主体的な動機もなかったが、犯行に必要な道具の購入、遺棄場所の選定、運搬、実際の遺棄行為といった一連の行為を行っていた。本判決では、本件犯人の関与の度合いは従属的なものにとどまるとはいえない、と判示している。

豆知識③　確定的故意と未必の故意

　故意とは、罪を犯す意思であり、故意のない行為は処罰されない（刑法38条1項）。確定的故意は、犯罪事実を認識し、その発生を積極的に意図する場合をいう。未必の故意は、行為者が犯罪事実発生の意欲はなく、ただ認容していたにとどまる場合をいう。なお、故意は過失とともに、犯罪の責任要素と考えられている。

入水自殺の幇助

8

東京地裁平成30年9月14日判決

> 根拠法条：刑法60条、202条
> 参考文献：裁判所web

ポイント　自殺遂行を容易にするための行為

事案概要

　Hは、その死生観に基づき自殺することを決意した甲（当時78歳）から、多摩川に入水して自殺する具体的な計画を知らされ、これを幇助しようと考えた。

　Hは、Dと共謀の上、平成30年1月21日午前0時頃、東京都新宿区内の路上で、Dが運転しHが同乗する自動車に甲を乗せ、自殺決行場所である大田区内まで送り届けた。車内において、Hは、あらかじめ購入して準備されていたハーネスを甲の身体に装着させた。

　午前0時50分頃、車から降りた甲が多摩川まで歩いていくのに、Hが同行した。さらに、Hは、ロープを立木につないだ上、甲の身体に装着されていたハーネスにもロープをつないだ。その後、甲は歩いて多摩川に入水して溺死した。

　Hは、自殺幇助で起訴された。公判において、弁護人は、Hらが準備した道具は死体の発見を容易にするためのもので、溺死という結果を促進する効果を持たないから自殺を物理的に幇助したとはいえないし、甲の自殺の意思は強固であったから、Hらが道具を準備する行為は心理的に自殺を幇助したともいえない、などと主張した。

判決要旨　有罪（懲役2年・執行猶予3年）

　　自殺幇助罪における自殺幇助とは、既に自殺の決意を有する者に対し、自殺の方法を教え、器具手段を供与する等して、その遂行を容易にすることをいい、自殺行為を容易ならしめた以上、それが積極的手段たると消極的手段たると、また、物理的手段たると心理的手段たるとを問わないと解される。

> 　本件におけるHの行為は、自殺の決意をした甲からの依頼を受け、共犯者であるDと手分けし、あらかじめ、自殺後に遺体が流されたりしないようにするためのウェイト及びウェイト用ベルト、ロープ、ハーネス等を購入して準備した上、自殺当日は、Dが運転する車に同乗して甲を決行場所の近くまで送り届け、その間、甲の身体にハーネスを装着させるなどした上、甲に同行して現場まで赴き、ハーネスとつながるロープを立木につなぐとともに、甲の身体にウェイト及びウェイト用ベルトを装着するなどしたもので、甲の自殺を心理的あるいは物理的に容易にするものとして自殺幇助罪に該当する。

解|説

　本件は、著名な評論家であった死亡者が出演するテレビ番組のプロデューサーを務めるなどして親密な関係にあった犯人が、死亡者を師と仰ぎ深く尊敬していた共犯者と共謀の上、死亡者が自殺するのを幇助した事案である。

　本件事案においては、死亡者も含め幇助者らは、事前に自殺の日時、場所、方法等について具体的な打合せを行い、自殺に用いるためのウェイトやロープ等を購入し、自殺決行場所の下見も行うなど入念な準備をしていた。また、死亡者は、その死生観に基づき、かねてから「自裁死」することを公言し、その意思は固かったものとみられた。

豆知識④　　共同正犯

　2人以上の者が共同して犯罪を実行することをいい、各自が自らの行為だけでなく、他の共犯者の行為により生じた事実についても責任を問われる（刑法60条）。共同正犯には、実行共同正犯（各自が実行を分担）と共謀共同正犯（共謀意思に基づき犯罪を実行）がある。

未成年者の誘拐

富山地裁高岡支部平成28年12月15日判決

> 根拠法条：刑法60条、224条
> 参考文献：ＷＪ

ポイント　**未成年者誘拐罪における誘拐行為**

事案概要

Ｍは、平成27年4月頃、インターネット回線を通じて参加できるオンラインゲームをして遊ぶようになり、母親Ｎも本件ゲームをするようになった。Ｃ（当時13歳）は、本件ゲームに参加したことで、Ｍと知り合った。本件ゲーム内で、Ｍはプロフィール情報として、自身の実名のほか、性別、年齢を表示していたが、Ｃは自身の実名及び性別は表示するものの、18歳の高校生である旨の虚偽情報を表示していた。

ＭとＣは、翌年1月以降、メールのやり取りや通話をするようになり、交際が始まった。Ｎも、同じ頃、本件ゲーム内でＣと知り合った。Ｃの母親は、長時間携帯電話を使用して過ごすことは問題があるとして繰り返し注意していたが、Ｃは不満に感じていた。

Ｍは、平成28年4月3日午後8時8分から翌4日午後5時51分頃までの間、山形県内の自宅等において、富山県内にいたＣに対し、多数回にわたり、「全て捨ててこっちに来い。」「迎えに行くよ。」などと記載したメールを送信し、家出をして来るように誘惑して、Ｃにその旨決意させた。そして、Ｃを、親権者に無断で富山県高岡市内の駅まで誘い出した。Ｍ及びＮは、Ｃを山形県内の自宅に連れて行き、自己の支配下に置いた。

Ｍ及びＮは、未成年者誘拐で起訴された。

判決要旨　**有罪（Ｍ及びＮは共に懲役1年・執行猶予3年）**

本件メールの送信以前に、ＭがＣに対し、Ｍの下に来てほしい旨メールで

述べたのに対し、Cが行きたい旨述べたこと等はあったものの、Cから具体的に家出を提案し又は計画したことはなかったのであり、Cが現実に家出をしてM方に行くことを想定していたことはなかった。そして、Mからの自宅に来るよう誘うメールに対し、Cは、仮にそのようにした場合、自身が通学する学校等はどうなるのか、未成年者誘拐罪になるのではないか等の不安があることを示して、M方に行くことを明確に躊躇していた。

にもかかわらず、Mが、Cを迎え入れる準備ができている、Cを幸せにする、学校に行く以上当然親もいることになるから学校の心配は不要である、置手紙や電話で家族に連絡しておけば未成年者誘拐罪にならないなどと、Cの不安を打ち消す内容の本件メールを多数回にわたり送信して説得する中で、Cは「私、もう決心したよ」とメールで述べて、山形県に行くことを決意するに至ったことが認められる。

このような経緯に鑑みれば、Mは本件メールにより甘言を用いて誘うことにより、Cの判断の適正を誤らせ、Cをして決意をさせたものと認められる。そうすると、Mが本件メールを送信した行為は誘惑に該当する。

解説

未成年者誘拐罪における誘拐とは、欺もう又は誘惑を手段として、相手方を保護されている状態から引き離して、自己又は第三者の事実的支配の下に置くことをいい、また、誘惑とは、欺もうの程度に至らない甘言をもって相手方を動かし、その判断の適正を誤らせることをいうと解されている。

本件は、オンラインゲームで知り合った13歳の被害者に対し、被害者が富山県を離れて山形県まで行くことを躊躇し、不安を述べているにもかかわらず、執拗かつ言葉巧みに誘惑した上、犯人らが被害者をその居住地の富山県から遠方の山形県まで連れて行った未成年者誘拐の事案である。

闇サイト利用の人さらい

静岡地裁浜松支部平成30年12月20日判決

> 根拠法条：刑法60条、220条、225条
> 参考文献：裁判所 web

ポイント　ネットの匿名掲示板を利用した凶悪犯罪

事案概要

　Xは、Y及びZと共謀の上、丙（当時29歳の女性）を営利の目的で略取し、逮捕監禁しようと考えた。

　平成30年5月26日午後6時21分頃、静岡県内のパチンコ店駐車場において、丙が自動車に乗車しようとした途端、X及びZが車に乗り込み、丙を支配下に置いて逮捕し、車を発進させた。その後、27日午前4時20分頃までの間、Xらは、丙の上肢を結束バンドで縛るなどして、丙を不法に逮捕監禁した。

　Xは、6月8日、別件で警察官から取調べを受けた際、自ら本件犯行を打ち明けた。Zは、6月11日、自ら警察署に出頭し、Yは、6月15日、警察に逮捕される前に死亡した。なお、丙は、6月9日、山中から遺体で発見された。

　Xは、営利目的略取、逮捕監禁で起訴された。

判決要旨　有罪（懲役4年）

　Xらが対象者として丙を選んだ経緯については、本件の首謀者とみられるYが死亡したため不明な点も残るが、Xらとは縁もゆかりもない若い女性を標的にした無差別的な犯行と考えられ、社会に与えた不安感等の悪影響は極めて大きい。

　丙は、夕刻の未だ明るい時間帯に、パチンコ店に併設されているスポーツジムから出てきて、多数の自動車が駐車され、しばしば客も行き来する駐車場に駐車していた自分の自動車に乗り込んだところを、突然助手席側から乗り込んできたZに身体を押さえ込まれ、運転席側から乗り込んできたXに勝

手に自動車を発進させられ、自動車ごと連れ去られた。そのような経緯において、丙に落ち度はもとより、被害の誘因となるような不注意も全く認められない。

　そして、丙は、監禁当初、「助けて」「殺さないで」と繰り返し述べたり、足を動かして暴れたりして必死の抵抗をしたものの、ほどなく自動車に乗り込んできたYから結束バンドで両手首を拘束されるなどして抵抗できない状態にさせられた。その後、丙は、約10時間もの長時間にわたり、一度も車外に出ることなく、Yから、口封じのためとして屈辱的な姿態を撮影され、後部座席の足元に横臥させられるなどして、監禁状態を継続されたものであるから、本件の態様は誠に悪質というほかない。

　Xは、Yから「人さらい」の仕事と告げられた上で、報酬目的で運転手役を引き受けることを決意し、本件犯行に加担したものであるから、その犯意は強固であり、動機に酌量の余地はない。そして、Xは、長時間にわたって監禁行為を続けた挙げ句、未だ開放されない丙を車内に残したまま、漫然と運転をZと交代し、犯行から離脱したというのであるから、身勝手かつ無責任な経緯というほかない。

解説

　本件は、インターネットの匿名掲示板において犯罪首謀者が呼び掛け、それまで見ず知らずであった犯人らが集まり、互いに偽名を名乗り合うなどしながら共同して犯罪を実行したものである。

　犯人らは、あらかじめ役割分担を謀議し、対象者の拘束に用いる結束バンド、複数の服装、変装用のかつら、帽子、軍手を用意した上、別の駐車場において予行演習をするなどしており、捜査機関による追跡を困難にする匿名性の高い犯行であった。

11 暗証番号聞き出しと強盗罪
東京高裁平成21年11月16日判決

根拠法条：刑法130条、176条、235条、236条2項
参考文献：判時2103号

ポ イ ン ト　　脅迫による暗証番号聞き出し

事 案 概 要

　Rは、金品窃取の目的で、犯行当日午前2時50分頃、埼玉県内のアパート戊方に、無施錠の玄関ドアから侵入した。Rは、戊が寝ていることを確認し、財布が入ったバッグを発見し、財布の中身を確認したところ、現金は6,000円程度しか入っていなかったが、数枚のキャッシュカードが入っていた。Rは、戊を包丁で脅して暗証番号を聞き出し、キャッシュカードで現金を引き出そうと決意した。

　Rは、台所から包丁を持ち出し、戊に突きつけながら、「静かにしろ。一番金額が入っているキャッシュカードと暗証番号を教えろ。暗証番号を教えて黙っていれば、殺しはしない。」などと言って脅迫した。戊は、やむなく本件口座の暗証番号を教えた。その後、Rは、戊が畏怖していることに乗じて強いてわいせつな行為をした。

　Rは、住居侵入、強盗、強制わいせつ等で起訴された。1審は、強盗罪の成否に関して、Rが戊からキャッシュカードの暗証番号を聞き出したとしても、財物の取得と同視できる程度に具体的かつ現実的な財産的利益を得たとは認められないなどとして、強盗罪の成立を否定し、強要罪が成立するにすぎないなどと判断した。検察官が控訴した。

判 決 要 旨　　原判決破棄・有罪（懲役4年6月）

　　キャッシュカードを窃取した犯人が、被害者に暴行・脅迫を加え、その反抗を抑圧して、当該口座の暗証番号を聞き出した場合、犯人は、現金自動預払機（ATM）の操作により、キャッシュカードと暗証番号による機械的な

本人確認手続を経るだけで、迅速かつ確実に、被害者の預貯金口座から預貯金の払戻しを受けることができる。

　このようにキャッシュカードとその暗証番号を併せ持つ者は、あたかも正当な預貯金債券者のごとく、事実上当該預貯金を支配しているといっても過言ではなく、キャッシュカードとその暗証番号を併せ持つことは、それ自体財産上の利益とみるのが相当である。

　キャッシュカードを窃取した犯人が被害者からその暗証番号を聞き出した場合には、犯人は、被害者の預貯金債券そのものを取得するわけではないものの、キャッシュカードとその暗証番号を用いて、事実上、ＡＴＭを通して当該預貯金口座から預貯金の払戻しを受け得る地位という財産上の利益を得たものというべきである。

　原判決は、「Ｒが暗証番号を聞き出したとしても、キャッシュカードの暗証番号に関する情報がＲと戊との間で共有されただけであり、そのことによって戊の利益が失われるわけではない。」とも説示しているが、これは、暗証番号が情報であることにとらわれ、その経済的機能を看過したものといわざるを得ない。

解｜説

　２項強盗の罪が成立するためには、財産上の利益が被害者から行為者にそのまま直接移転することは必ずしも必要ではなく、行為者が利益を得る反面において、被害者が財産的な不利益（損害）を被る、という関係があれば足りる、と解されている。

　本件においても、犯人が暗証番号を聞き出した場合、ＡＴＭを通して預金の払戻しを受けることができる地位を得る反面において、被害者は、自らの預金を払い戻されかねないという事実上の不利益、すなわち預金債券に対する支配が弱まるという財産上の損害を被ることになる。そのため、本判決では、２項強盗罪が成立すると判断された。

いわゆるおやじ狩りの連続強盗

東京高裁平成28年6月30日判決

根拠法条：刑法60条、236条、240条
参考文献：判タ1438号

ポイント　連続路上強盗の量刑判断

事案概要

　P及びQ（いずれも当時22歳）は、共謀の上、深夜、埼玉県内の路上において、①通行中のA（当時44歳の男性）に対し、背後から体当たりをして転倒させ、こめかみを拳で殴るなどして金品を強奪しようとしたが、抵抗されて目的を遂げず、その際Aに顔面打撲等の傷害（加療約2週間）を負わせた。②同日、通行中のB（当時60歳の男性）に対し、肩をつかんで後方に引き倒し、ショルダーバッグ（時価合計2,550円相当）を強奪した。③1週間後、通行中のC（当時45歳の男性）に対し、肩をつかんで後方に引き倒し、仰向けに倒れたCの顔面を拳で殴り、脇腹付近を足で蹴るなどして、現金約31万円及びビジネスバッグ（時価合計4万4,500円相当）を強奪し、その際Cに左環指骨折等の傷害（全治約5週間）を負わせた。

　Pらは、強盗致傷、強盗で起訴された。1審は、被害者らと示談が成立し、宥恕の意思を得られているなどとして、P及びQを有罪（懲役3年・5年間執行猶予・付保護観察）とした。検察官が、量刑不当を理由に控訴した。

判決要旨　原判決破棄・有罪（Pは懲役6年6月、Qは懲役6年）

　本件を強盗致傷の中の犯罪類型としてみた場合、二人がかりで暴行を加えるという方法で立て続けに3件の路上強盗を敢行し、うち2件で被害者を負傷させたものであるから、そもそも全体の中で軽い類型に属すると評価することはできない。さらに、行為態様をみても相当に危険なものであり、計画性もそれなりに認められる。

　また、動機や経緯等の点についても、遊興費欲しさから安易に犯行を企図した上、第1の犯行で被害者に抵抗されて金品を奪えなかったため、その日のうちに抵抗力の弱そうな被害者を狙って第2の犯行に及び、この犯行で物品を奪うのに成功したものの、現金を奪えなかったため、その1週間後に第3の犯行に及んだというのであって、いずれも酌むべき点が全くない。法益侵害の点についても、被害者が被った身体的被害や財産的被害はいずれも軽視できるものではない上、深夜帰宅途中に襲われた被害者の被った精神的被害も軽視し難いものがある。

　本件のような共犯による連続的な強盗致傷の類型の量刑のおおまかな傾向をみると、その中心的量刑は懲役4年6月以上8年以下の範囲に収まっており、これが本件の量刑の大枠に相当するとみることができる。Ｐらに対し、酌量減軽をした上、懲役3年・5年間執行猶予・付保護観察に処した原判決の量刑は、軽きに失するものというべきである。

解説

　刑の量定は、被告人の行った犯罪行為にふさわしい刑を科することに本質があり、量刑に当たっては、行為責任の原則から、まず犯情（犯罪事実それ自体に関する事実）の評価を基に、当該犯罪行為にふさわしい刑の大枠を設定し、更にその枠内で、被告人に固有の事情等の一般情状に関する事情を考慮して調整した上、最終的な刑を決定するという手法が採られている。

　このような量刑判断の在り方は、裁判員裁判においても妥当すると考えられる。我が国の刑法は、一つの構成要件の中に様々な犯罪類型が含まれていることを前提に、幅広い法定刑を定めているからである。

　本件は、深夜の住宅街の路上において、共犯者2名がおやじ狩りなどと称して連続的に3名の中年男性を襲い、2名の被害者から金品を奪い、2名の被害者に傷害を負わせた事案である。

　本判決では、原判決の執行猶予付きの量刑が不当であるとして、実刑判断が下されている。

計画的な連続昏酔強盗

仙台地裁平成28年12月15日判決

> 根拠法条：刑法239条、236条1項、246条1項
> 参考文献：裁判所 web

ポ イ ン ト　**睡眠導入剤入りチョコレート使用の連続昏酔強盗**

事 案 概 要

　Jは、甲（当時50歳）を昏酔させて金品を窃取しようと考え、平成27年6月11日夕刻、仙台市内の居酒屋において、睡眠導入作用を有する薬物をアイスクリームと共に食べさせて昏酔状態に陥らせ、クレジットカード3枚を盗んだ。Jは、盗んだクレジットカードを用いて商品をだまし取ろうと考え、仙台市内の百貨店において、クレジットカードを提示し、クレジットお買い上げ票等の署名欄に適宜記載して、ブレスレット1個（販売価格5万760円）の交付を受けた。

　Jは、乙（当時44歳）を昏酔させて金品を窃取しようと考え、6月16日夕刻、仙台市内の居酒屋において、睡眠導入剤（ブロチゾラム等）を混入させたチョコレートを食べさせて昏酔状態に陥らせ、クレジットカード1枚等を盗んだ。また、Jは、同様な手口で、丙（当時40歳）に対し、6月20日夕刻、睡眠導入剤（トリアゾラム等）を混入したチョコレートを食べさせて昏酔状態に陥らせ、クレジットカード2枚を盗んだ。さらに、丁（当時52歳）に対し、6月24日夕刻、睡眠導入剤（トリアゾラム等）を混入したチョコレートを食べさせて昏酔状態に陥らせ、クレジットカード2枚を盗んだ。

　Jは、昏酔強盗及び詐欺で起訴された。

判 決 要 旨　**有罪（懲役4年）**

　昏酔強盗についてみると、その犯行の手口は、Jが、インターネット上の出会い系サイトを通じて被害男性と連絡をとって一緒に飲食する約束をし、事前に自ら睡眠導入剤をチョコレートに混入させて睡眠導入剤入りチョコ

レートを調合し、犯行当日、そのチョコレートを持参した上で被害男性と待ち合わせて一緒に居酒屋に入店し、機会をうかがいながら被害男性にそのチョコレートを食べさせ、被害男性が昏酔状態に陥ったところでクレジットカードを持ち去るというものである。Ｊは、同様の手口を用いて、約２週間で４件もの犯行に及んでおり、いずれも計画的かつ巧妙なもので犯行態様は悪質である。

　各被害男性が短時間で昏酔状態に陥り、記憶の一部に喪失がみられることからすると、被害男性の身体に対する大きな危険性を伴う可能性もあった。４件にも上る本件昏酔強盗の犯行は、入手が比較的容易な睡眠導入剤を使用したもので、模倣性が高く、社会的な影響を無視できない。

| 解 | 説 |

　本件犯人は、盗取したクレジットカードを用いてアクセサリーや衣服等の商品を購入し、キャッシングをして現金を引き出すなどの目的で昏酔強盗の犯行に及んでおり、犯行動機は利欲目的であった。

　昏酔強盗４件によりクレジットカードを合計９枚盗取しているが、実際にカードを悪用して百貨店においてアクセサリーを購入するという詐欺行為も行っており、悪質な犯行であると判断された。

| 豆知識⑤ | 　２項強盗 |

　相手方の反抗を抑圧する暴行・脅迫を用いて、自己又は他人に財産上不法な利益を得させる罪（刑法236条２項）。例えば、タクシー運転手に暴行を加えて運賃を免れた場合や、借金を免れるため相手方を殺害する場合等がある。

駅構内での連続通り魔事件

大阪地裁平成20年11月25日判決

> 根拠法条：刑法204条、208条
> 参考文献：裁判所 web

ポ イ ン ト　**鬱憤晴らしのための他者への攻撃**

事 案 概 要

　Fは、①平成20年6月14日午後1時15分頃、日頃の生活上の鬱憤を晴らすため、JR大阪駅構内改札前において、通行中の女性A（当時21歳）に対し、所携の縫い針1本（長さ約3.4センチメートル）の先をその背部に突き刺す暴行を加えた。

　また、Fは、②6月22日午後1時34分頃、日頃の生活上の鬱憤がたまっていたところ、電車内で扉の戸袋に上腕部を挟まれたことから、それらの腹いせに、JR大阪駅構内エスカレーター上において、女性B（当時52歳）に対し、所携のカミソリでその上腕部を切り付け、全治約7日間を要する切創の傷害を負わせた。

　さらに、Fは、③同日午後1時36分頃、JR大阪駅構内ホーム上において、女性C（当時20歳）に対し、所携のカミソリでその上腕部を切り付け、全治約14日間を要する切創の傷害を負わせた。

　Fは、傷害及び暴行で起訴された。

判 決 要 旨　**有罪（懲役3年6月）**

　Fは、①の数日前に、自宅で起床したところ鼻の下に傷があり、誰かに傷つけられたと思って憤激し、また、②、③の当日は、電車に乗車中に戸袋に腕を挟まれて憤激し、この上は誰かに仕返しをして鬱憤を晴らそうと考えたというのである。正に身勝手な犯行動機といわざるを得ず、犯行に至る経緯に酌むべき点は全くない。

　Fは、①の際には、自宅を出る段階で既に縫い針で誰かを傷つけようと考

え、電車で移動中も犯行場所を思案しており、②、③の際には、電車の戸袋に腕を挟まれた後は、同様にカミソリで誰かを傷つけようと考えていたのであって、いずれも強固な犯意に基づく犯行で、綿密な計画性があったわけではないものの、衝動的な犯行などとはいえない。

　Fは、大人しそうな女性を狙って、背後から縫い針を突き刺したり、肌が露出した上腕部をカミソリで切り付けたりした上、それらの犯行後は何食わぬ顔で現場を立ち去って平然と生活をしており、卑劣な犯行態様である。

解説

　本件は、多数人が密集する駅構内で敢行された連続通り魔事件であり、駅の利用者や周辺社会にも少なからぬ影響を及ぼした事案である。

　本件犯人は、一人息子の監護権がなく、同居もできない、一人息子が自分から離れていく、風俗店の面接で身体的なことを指摘される、牛乳を飲んで不具合になったものの、自らが治療費を負担することになる、といった事情が重なり、ストレスがたまってイライラする毎日を送っていたと供述していた。そのような状況から、些細なことに憤激し、他人を傷つけようと考えていた。

　他方、被害者をみると、事件後に現場の駅を通ろうとして怖くなった、感染症にかかっていないか不安である、人混みや電車に乗ること自体が怖くなった、などと述べており、身体的な傷害に加え、精神的な負担も軽視できない状況であった。

豆知識⑥　緊急逮捕

　急速を要する場合に、まず被疑者を逮捕し、事後的に逮捕状の発付を求める手続（刑訴法210条）。要件は、一定以上の重い罪を犯したと疑うに足りる充分な理由がある場合で、急速を要し、裁判官の逮捕状を求めることができないこと。逮捕後、直ちに裁判官に逮捕状を求める手続をしなければならず、逮捕状が発せられないときは、直ちに釈放しなければならない。

15 睡眠薬による中毒症状と傷害罪

最高裁平成24年1月30日決定

> 根拠法条：刑法204条
> 参考文献：判タ1371号

ポイント　生理機能の障害と傷害罪の成否

事案概要

　大学病院の医師Ｓは、①睡眠薬の粉末（フルニトラゼパム）を混入した洋菓子を、同病院の休日当直医として勤務していた甲に提供し、事情を知らない甲に食させて、約6時間にわたる意識障害及び筋弛緩作用を伴う急性薬物中毒の症状を生じさせた。

　また、②6日後に、同病院の研究室において、医学研究中であった乙が机上に置いていた飲みかけの缶入り飲料に、睡眠薬の粉末及び麻酔薬を混入し、事情を知らない乙に飲ませて、約2時間にわたる意識障害及び筋弛緩作用を伴う急性薬物中毒の症状を生じさせた。

　Ｓは、傷害罪で起訴された。1審及び2審は、傷害罪の成立を認めてＳを有罪（懲役8月）とした。Ｓが上告した。

決定要旨　上告棄却

　所論は、昏酔強盗や女子の心神を喪失させることを手段とする準強姦〔現：準強制性交等〕において刑法239条や刑法178条2項が予定する程度の昏酔を生じさせたにとどまる場合には、強盗致傷罪や強姦致傷罪〔現：強制性交等致傷罪〕の成立を認めるべきでないから、その程度の昏酔は刑法204条の傷害にも当たらないと解すべきであり、本件の結果は傷害に当たらない旨主張する。

　しかしながら、Ｓは、病院で勤務中ないし研究中であった被害者に対し、睡眠薬等を摂取させたことによって、約6時間又は約2時間にわたり意識障

害及び筋弛緩作用を伴う急性薬物中毒の症状を生じさせ、被害者の健康状態を不良に変更し、その生活機能の障害を惹起したものであるから、いずれの事件についても傷害罪が成立すると解する。

解説

刑法にいう傷害の意義については、「他人の身体に対する暴行に因りて其生活機能の毀損即ち健康状態の不良変更を惹起することに因りて成立する」（大審院明治45年6月20日判決）とされている。また、メチルアルコールを飲ませて中毒による全身懈怠等の症状を惹起させたことが「人の生活機能の障害を惹起したもの」として、傷害罪に該当すると判断した判例（最高裁昭和26年9月25日判決）もある。したがって、身体組織の物質的破壊を生じていなくとも、健康状態の不良変更が生じたと認められるときには、傷害罪が成立すると解されている。

最高裁は、本決定において、このような従来の判例の立場も踏まえ、病院で勤務中ないし研究中であった被害者に対し、睡眠薬及び麻酔薬を摂取させたことによって、約6時間又は約2時間にわたり意識障害及び筋弛緩作用を伴う急性薬物中毒の症状を生じさせた行為について、一時的とはいえ、数時間にわたり脳の重要な機能が阻害され、筋肉の弛緩という身体症状も生じているのであるから、傷害罪の成立は認められると判示した。

豆知識⑦　保護法益

当該犯罪において、刑法が保護しようとする法益をいう。刑法の主な役割は、刑罰により法益を不法な侵害から保護することにあるので、保護法益が何かを明らかにすることが刑罰法規解釈の重要な手掛かりとなる。

16 娘への虐待行為の幇助
千葉地裁令和元年6月26日判決

> 根拠法条：刑法204条、62条
> 参考文献：裁判所 web

ポイント　父親による家庭内虐待事案での母親の役割放棄

事案概要

　Nは、平成20年2月、会社の同僚Gと婚姻して長女Eをもうけたが、Gからの監視束縛が強いことなどを嫌って別居し、平成23年10月、Gと離婚した。Nは、平成26年春以降精神状態が悪化し、入院治療を受けた。その後、NはGと復縁し、平成28年8月頃、Eを連れてGと同棲を始め、再婚して二女を出産した。

　その後、Nらは沖縄県から千葉県に転居した。平成29年11月6日、Eが小学校の「いじめにかんするアンケート」にGからの暴力被害について助けを求める記載をし、Eは児童相談所に一時保護された。この頃以降、Gは、学校等の関係機関に自己の行動を正当化する高圧的な言動を繰り返し、Eの一時保護を解除させたり、アンケートの写しを入手し、Eに指示してその記載を否定する書面等を作成させたりした。

　Gは、平成31年1月22日午後10時頃から24日午後9時50分頃までの間、E（当時10歳）に、食事を与えないとともに、長時間、リビング及び浴室に立たせ続け、肌着のみで浴室に放置するなどして十分な睡眠を取らせず、シャワーで冷水を浴びせ、プロレス技をかけるなどの暴行を加え、Eを飢餓状態及び強度のストレス状態に起因する瀕死の状態に陥らせた。

　Nは、Gによる一連の行為や加虐の意図を認識していたのに、Gの暴行を直接制止したり、警察や行政機関に通報して保護を求めたりしてその行為の継続を阻止することもせず、これを放置するとともに、Gの指示を受けてEに食事を与えないなどし、Gの犯行を容易にした。

　Nは、傷害幇助で起訴された。

判決要旨 　有罪（懲役2年6月・執行猶予5年・保護観察付）

　　Nは、精神的に脆弱で、恐怖や圧力を回避するため自己の意見を述べることが難しく、他者の意見に迎合しやすい性格行動傾向を有していた。Nの母によれば、Gの意向の影響で同女もNに連絡できない状態にあり、Nは周囲に相談相手もなく孤立し、高圧的、支配的言動を重ねるGの意向に抗うのが困難な状況に陥っていたことがうかがわれる。

　　現に、Gは、Eが児童相談所に一時保護された際、関係職員を厳しく責め立てるなどして恐怖心を与え、その結果、児童の虐待の訴えをそのまま虐待をした疑いがある親に示すことなど許されるはずがないのに、同職員をしてアンケートの写しを提供させたり、Gの父母らに働き掛けて同職員がEと単独で面談することを避けさせるなどしている。このように、Gが自己の意向を強く押し通そうとして他者に与える圧力は相当なものであったといえ、Eに対する暴力を止めに入った際にNは暴行被害を受けたこともあった。

　　もとより母としてEを守るべき義務を怠り、Gの犯行を幇助したことに対する非難は免れないが、上記の性格行動傾向を有するNが、虐待を加える意図を有するGの支配的言動の強い影響により、その意向に逆らう行動に出ることが相当難しくなっていたことは否定できず、Gに迎合したNに対し、一概に強い非難を向けることはできず、相応に非難を減ずべきである。

解説

　本件は、父親による娘に対する虐待行為を認識しながら、母親がそれを制止せず、かえって食事を与えないなどして犯行を容易にした傷害幇助の事案である。

　一連の虐待行為は、ほぼ2日間にわたり全く食事を与えず、底冷えする浴室に濡れた下着を着せたまま立たせ続け、冷水を浴びせるなどして十分な睡眠をとらせないという執拗、非情なものであった。その間、被害児童はトイレに行くことも許されず何度も尿を漏らし、最終的には自立することも困難な状況に追い込まれていて、その状態でプロレス技の逆エビ固めまで受けた。

　常習的に虐待を加え続けた末に行われた犯行であり、年端も行かぬ女児が苦しむ様子も気にかけず、非人間的な虐待行為をためらいもなく加え続け、虐待そのものが目的化していた。

17 自動車への幼児置き去り

大阪地裁平成30年7月18日判決

> 根拠法条：刑法60条、218条、219条、190条
> 参考文献：裁判所 web

ポイント　車内置き去り行為による幼児死亡

事案概要

　Vは、A（当時3歳）及びB（当時1歳）の実母として両名を保護する責任があった。Tは、平成28年3月頃から、V、A及びBと頻繁に昼夜行動を共にして車上生活をしており、A及びBを保護する責任があった。

　V及びTは、共謀の上、4月23日午前1時44分頃、大阪市内の駐車場において、駐車した自動車内にA及びBを置き去りにして遺棄し、引き続き午後0時9分頃までの間、A及びBの生存に必要な保護をせず、Bを熱中症により死亡させた。さらに、Vらは、Bの遺体をクーラーボックス内に隠匿し、もって死体を遺棄した。

　Vは、保護責任者遺棄、同致死、死体遺棄で起訴された。

判決要旨　有罪（懲役5年）

　Vにおける熱中症の危険の認識について検討すると、本件の直前期は日によって約20ないし25度まで気温が上がることがあり、Vも本件前日などには日中半袖Tシャツを着て過ごすなどしていたこと等からすれば、Vは、Aらを自動車内に置き去りにする際にも、たとえその時点では気温が低かったとしても、天候次第ではそれから10時間程度が経過した昼前後までの間に気温が上昇し、日射等により車内温度がかなり高くなる可能性があることを認識していたと認められる。

　本件当時が熱中症の多発する夏場ではないことを考慮しても、Vとしては、常識的に考えて、体力が不十分で、かつ状況に応じた対処方法も取れな

いＡらをそのような高温状況下に一定時間放置することにより、Ａらが熱中症を発症してその生命等にある程度具体的な危険が生じるかもしれないことをそれなりには認識していたものと認められる。

また、飲食物の誤嚥や異物の誤飲等による危険についても、ＶはＡらの成育状況等を十分把握していたのであるから、その危険があるかもしれないという程度のことは認識していたと認められる。

Ｖは、本件当日、自動車内への置き去り及び放置行為により、Ａらに対し、重度の熱中症、飲食物の誤嚥及び異物の誤飲等によりその生命等にある程度具体的な危険が生じるかもしれないことをそれなりには認識しつつ、Ａらを置き去りにして放置したと認められるから、Ｖには遺棄及び不保護の故意があったと認められる。

解説

本件の犯人らは、以前にも複数回、幼児らを自動車内に置き去りにしてホテルに宿泊し、昼前後まで10時間以上にわたり放置していたこともあった。

本事案においても、深夜、幼児２名を自動車内に置き去りにして、10時間以上放置していた。その間、日射等により車内温度が上昇し、１名の幼児は重度の熱中症により死亡し、もう１名も頭から水をかけなければならないほど汗をかくなどしており、熱中症を発症していたと認められた。

また、車内にはドーナツやその包装袋などの異物があり、幼児らが口に入れたり喉に詰まらせたりする危険性も高かった。

豆知識⑧　実行の着手

犯罪の実行行為が開始された段階をいう。実行の着手以前の段階は「予備」であり、実行の着手後に犯罪が完成していない場合は「未遂」となる（刑法43条）。当該行為がどの段階に達した場合に実行の着手を認めるかについて、判例では、結果発生との接着性を重視する客観説に立っている。

少年グループによる美人局（つつもたせ）

京都家裁平成21年 6 月26日決定

根拠法条：刑法60条、249条 1 項、250条
参考文献：W J

ポイント　援助交際相手に対する美人局

事案概要

　Lは、Oと共謀の上、援助交際と称して金銭の対償を約束してLと性交する成人男性に対し、それを口実として因縁をつけて金員を喝取することを企てた。

　①平成20年11月27日午後 9 時 5 分頃、コンビニ駐車場において、Lの相手となった丁（当時43歳）に対し、Oが「俺の女に何すんねん。どやねん。車の中に入れんかいや。」等と大声でどなり、丁の自動車に乗り込み、車内において「こいつはまだ16歳やぞ。」等と申し向けた。Lも「前にやった奴は、警察に捕まったんやで。」等と言い、Oが「お前の人生めちゃくちゃにしたろうか。誠意を見せてくれるか。」等と語気鋭く申し向け、暗に金員を要求した。丁は畏怖困惑し、Oらに現金20万円を交付した。

　また、Lは、Oら 4 名と共謀の上、同様手口を用いて、②12月 5 日午後10時55分頃、駐車場において、戊（当時45歳）に対し、Oが「この子16やで。援交やろ。」「警察に電話すんで。」「あんたの人生めちゃめちゃになるで。」等と語気鋭く申し向け、暗に金員を要求した。しかし、戊が警察に通報したため、恐喝行為は未遂に終わった。

　Lは、①の非行により通常逮捕され、家庭裁判所の審判に付された。

決定要旨　Lを中等少年院に送致する。

　非行態様は、いずれもLが売春行為に及んだ上、その売春行為の相手となった男性の弱みに付け込み、金員を得ようとする卑劣なものであり、暴力団まがいの悪質なものである。

　Ｌは、Ｏらから繰り返し援助交際を強いられ、その援助交際により得られた利益も全て収奪される状況下、本件非行がなされており、Ｌはある意味被害者といえなくはない。しかしながら、Ｌは、保護観察中であったにもかかわらず、共犯少年らとの関係を解消することもなく、安易に本件非行に関わり、①の非行においては、自らも被害男性に対し、「前にやった奴は、警察に捕まったんやで。」等と言って脅しており、Ｌの責任は重い。

解説

　本件は、共犯者とともに、援助交際の相手方となった男性から、いわゆる美人局の方法により、金員を脅し取った恐喝既遂事案、及び同様な方法により金員を脅し取ろうとしたが被害者が警察に通報したため目的を遂げなかった恐喝未遂事案である。

　本件少年は、中学１年生時までは問題行動はなかったが、中学２年生時に友人関係が変わったことで、万引き、喫煙、夜遊びを繰り返すようになり、中学３年生時には原付自転車の無免許運転をするようになった。そして、万引きを重ねて、保護観察決定を受けた。高校中退後は、友人宅で寝泊まりするようになり、その後援助交際を始め、保護観察官の指導にも応じなくなっていた。

豆知識⑨　　美人局（つつもたせ）

　美人局とは、男女が共謀し、男性が、妻や恋人関係にある女性に他の男を誘惑させて、その相手方に言い掛かりをつけて、慰謝料や示談金名目で金銭をゆすり取る（恐喝する）犯罪手口のことをいう。

官邸ドローン事件

19

東京地裁平成28年2月16日判決

> 根拠法条：刑法234条、火薬類取締法58条、3条、4条
> 参考文献：判タ1439号

ポイント　威力業務妨害罪における威力該当性

事案概要

　Yは、平成27年3月下旬、自宅において、緊急保安炎筒のキャップを外し、着火部にニクロム線を取り付け、リード線をつないでバッテリー等に接続させ、遠隔操作により着火部が発火するよう改造した。改造した緊急保安炎筒は、本件ドローン（小型無人飛行機）の下部着陸ギアに固定して搭載した。

　また、福島県から採取した放射性物質を含有する土砂を全長約9センチメートルのボトルに入れてドローン下部に固定し、原発再稼動反対等の文字が貼り付けられた紙片もドローンに貼付した。

　Yは、4月9日午前3時40分頃、総理大臣官邸から約170メートル離れた東京都内の駐車場において、本件ドローンを遠隔操作し、官邸の敷地上空まで飛行させ、敷地内に降下させる操作をして官邸屋上に落下させた。本件ドローンに搭載された緊急保安炎筒には約76グラムの火薬が使用され、発炎剤に炎が移ると温度約1,000度で5分から6分間燃焼するというものであった。

　Yは、威力業務妨害及び火薬類取締法違反で起訴された。

判決要旨　有罪（懲役2年・執行猶予4年）

　Yは、あらかじめ着陸目標であった官邸の状況を入念に確認したり、ドローンの飛行実験を行ったりしたのみならず、緊急保安炎筒を遠隔操作により自動着火できるように改造するとともに放射性物質を含有する土砂を採取しこれらをドローンに搭載して、本件威力業務妨害行為に及んだのであって、本件犯行には高度の計画性が認められる。用いられたドローンは小さく

なく、発火の可能性がある緊急保安炎筒なども搭載されていたことからすれば、ドローンの落下によって官邸職員の業務に支障をもたらすのみならず、その身体等に危害を加える可能性もあった。

　本件威力業務妨害行為の結果、官邸職員は異常事態への対応を迫られ、現に業務を妨害されたことに加え、官邸に積載物を積んだドローンを墜落させるという行為の模倣性の高さも考慮すると、一般予防の見地からもその結果は軽視できない。

　これに加え、本件威力業務妨害行為に及んだ動機は、原発の再稼動を阻止するためというものであるが、いかなる内容の主張のためであれ合法的な表現手段によるべきなのであって、その手段を採ることがことさら困難であったとの事情も見出し難いから、その目的を達成するために本件犯行に及んだという動機に酌量すべき点は乏しいといえる。

解|説

　威力業務妨害罪における「威力」とは、人の自由意思を制圧に足る勢力をいうと解される。本件ドローンに搭載されていた容器には放射性物質を含有する旨の表示があり、発見者に対して、当該容器に生命や身体に危険を与えるような高線量の放射性物質が在中している可能性を想起させ、被爆などの危険性を感じさせるものであった。

　また、緊急保安炎筒は、一定時間にわたって高温の炎を出すものであって、一度発火すれば周囲に引火するおそれがある上、黒色に塗装され、ニクロム線やリード線などが取り付けられていたことからすれば、発見者に対して爆発物であると誤信させ、爆発などの危険性を感じさせた。

　さらに、これらの特徴を備えた本件ドローンを厳しい警備が敷かれた官邸に夜間落下させることは、何者かが政務に混乱や危害を加えるためにドローンを用いて被爆や発火爆発等を企図したとの印象を与えるものであった。

　これらのことから、本判決では、官邸職員の自由意思を制圧するに足る勢力に当たると判断し、威力業務妨害罪に該当すると判示した。

20 アイドルグループ握手会の妨害

千葉地裁平成29年10月2日判決

根拠法条：刑法234条、銃刀法22条、31条の18第3号
参考文献：裁判所 web

ポイント　多数人の集まるイベントの妨害行為

事案概要

　Kは、平成29年6月24日午後7時41分頃、丙社がアイドルグループ握手会を開催していた千葉市内のホールにおいて、第1レーン用のブースに近づき、隠し持っていた発炎筒に点火して炎及び煙を生じさせ、周囲を騒然とさせて握手会を中断させた。その結果、同レーンにおける握手会を中止させ、丙社の業務に支障を生じさせた。

　さらに、Kは、業務その他正当な理由による場合でないのに、刃体の長さ約12センチメートルの果物ナイフ1本を携帯していた。

　Kは、威力業務妨害及び銃刀法違反で起訴された。

判決要旨　有罪（懲役2年・執行猶予3年）

　被害結果は、大規模な握手会を妨害して丙社に多大な損害を与えたものであり、犯行態様も発炎筒の煙を発生させるというパニックを生じさせ得る悪質なものであって、果物ナイフをズボンのポケット内に携帯していたことから危険性も認められる。

　Kは、セキュリティチェックがあったため、一旦は犯行を諦めて発炎筒などが入ったリュックサックを会場外に置いて入場したが、スタッフによって忘れ物として会場内のインフォメーションセンターに届けられて会場内でリュックサックを入手すると、再び犯行を決意して実行しており、意図的に会場内にリュックサックを運び込ませたわけではないものの、犯行を実現する意欲は相応に強かったと認められる。

犯行動機は、インターネット上で中傷されていたメンバーに同情を集めるためなどという理不尽なもので、ひきこもり生活の中で悩みを相談できずに思い詰めていたことを踏まえても、酌むべき事情であるとはいえない。

解説

　本件は、犯人が、アイドルグループ握手会が開催されていたホールにおいて、発炎筒に点火して炎及び煙を発生させて握手会を中断させるなどし、その際、果物ナイフ1本を携帯した、という威力業務妨害及び銃刀法違反の事案である。

豆知識⑩　　証拠の区分

　証拠とは、裁判所が判決の基礎として事実を認定するための資料をいう。証拠には、人的証拠と物的証拠、供述証拠と非供述証拠、直接証拠と間接証拠（情況証拠）などの区分がある。

豆知識⑪　　直接証拠

　犯罪事実（要証事実又は主要事実）を直接に証明する証拠。例えば、被疑者の自白や目撃証人の証言、文書偽造罪における偽造の文書など。

豆知識⑫　　間接証拠（情況証拠）

　犯罪事実を直接に証明するものではないが、間接に推定させる根拠となる事実の存在を証明する証拠。例えば、被害者が刃物で刺し殺された殺人事件で、被疑者が友人から刃物を借り受けた事実、被疑者が犯行当時被害者方付近にいたという事実、被疑者が血痕の付いたシャツを洗濯していた事実などである。間接証拠のみで有罪とされる場合もある。情況証拠ともいう。

玄関扉へのマジック書き込み

東京地裁平成21年10月2日判決

> 根拠法条：刑法261条
> 参考文献：WJ

|ポイント|　器物の効用を滅却あるいは減損させる行為

|事案概要|

　Qは、平成21年6月8日午前7時30分頃から8時頃までの間に、東京都内の集合マンション一室の玄関前において、玄関扉外部塗装面に黒色及び赤色の油性マジックペンで、「便利屋○○　本名○○　生年○○　住民の皆様の本音を聴かせて下さい。あなたの街の便利屋○○」などと記載して、汚損した（損害額約3万円相当）。

　Qは、器物損壊罪で起訴された。公判において、弁護人は、外形的な事実関係は争わなかったが、本件玄関扉は損壊に至っておらず、器物損壊罪は成立しないなどと主張した。

|判決要旨|　有罪（懲役10月）

　本件玄関扉は、集合マンション（184戸）の部屋の鉄製の玄関扉であり、本件玄関扉外部塗装面は、マンション9階通路に面した側の扉表面でマンションの共用部分であり、平成16年頃、マンション全体でリフォームがあった際に全戸の玄関扉がベージュ色の塗料で塗装されたものである。その玄関扉外部塗装面は、集合マンションにふさわしい外観ないし美観を備えているべきものとして塗装されたと考えられる。

　Qは、本件玄関扉外部塗装面のほぼ全域に、黒色と赤色の2本の油性ペンを用いて、相当多量の書き込みをしたということができる。本件玄関扉の塗装工事の見積りを出したリフォーム会社の社員によれば、「明らかにマジックインクで書かれたもので、指でこすっても落ちないことを確認した。文字

の状況から水で落ちることはなく、消しゴムで消しても完全に消すことはできず、塗装面に薄く文字が残ることは、仕事の経験上容易に分かったので、見積も塗装面の下地処理作業込みで出した。6月10日に、書かれた文字等をシンナーでドアの下地の塗装ごと落とした。」というものである。

　本件書き込みは、本件建物の外観ないし美観を著しく汚損し、かつ、原状回復に相当の困難を生じさせたものであると認められ、本件玄関扉の効用を減損させたものというべきであるから、刑法261条にいう「損壊」に該当する。よって、Qには器物損壊罪の成立が認められる。

解説

　刑法261条にいう「損壊」は、器物の本来の効用を減却あるいは減損させる一切の行為をいい、物理的に器物の全部又は一部を毀損する場合だけではなく、その外観ないし美観を著しく汚損し、原状回復に相当の困難を生じさせ、器物の効用を減却あるいは減損させたといえる場合にも、「損壊」に当たると解されている。

　本件犯行に使用されたマジックペンの発売元のホームページでは、本件マジックペンが金属に書かれた場合の対処方法や落ち具合などを記載しており、これに基づいてなされた弁護人の実験結果によれば、無水エタノールや消しゴム等を使用すればインクが見えなくなり、容易に消去できるなどと主張していた。

　しかし、本判決では、本件書き込みの量や面積からすると、その全部を消去するには、相当な時間と労力が必要であり、本件被害者（マンション管理組合）がそのような対処をとることは非現実的である、と判断している。

犯人との口裏合わせと犯人隠避罪

最高裁平成29年3月27日決定

> 根拠法条：刑法103条
> 参考文献：判タ1452号

ポイント　事前謀議による参考人の虚偽供述

事案概要

　Uは、平成23年9月18日午前3時25分頃、普通自動二輪車（カワサキゼファー、U車）を運転し、信号機により交通整理の行われている交差点の対面信号機の赤色表示を認めたにもかかわらず、停止せずに交差点に進入した。この過失により、右方から普通自動二輪車を運転進行してきた戊を路上に転倒・滑走させ、U車に衝突させた。この衝突事故により、戊は外傷性脳損傷等の傷害を負って死亡した。また、Uは、所定の救護義務、報告義務を果たさなかった。

　Xは、Uを含む不良集団を率いていたが、Uが上記交通死亡事故を起こしたことを聞き、U車は盗まれたことにするとの話合いを行った。Uの通常逮捕後、警察官からXは参考人として取調べを受けたが、警察官に対し「Uは単車を盗まれたと言っていた。」などと虚偽の供述をした。

　Xは犯人隠避罪で起訴された。2審は、警察官に対する虚偽供述は隠避行為に当たるなどとして、Xを有罪（懲役1年6月）とした。Xが上告した。

決定要旨　上告棄却

　Xは、自ら率いる不良集団の構成員であったUから交通事故を起こしたことを聞き、U車の破損状況から捜査機関が道路交通法違反及び自動車運転過失致死の各罪の犯人がUであることを突き止めるものと考え、Uの逮捕に先立ち、U車は盗まれたことにする旨の話合いをした。

　Uは、平成24年7月8日通常逮捕され、引き続き勾留された。Xは、その参考人として取調べを受けるに当たり、警察官から本件事故のことのほか、

UがU車に乗っているかどうか、U車がどこにあるか知っているかについて質問を受け、U車が本件事故の加害車両であると特定されていることを認識したが、警察官に対し「Uがゼファーという単車に実際に乗っているのを見たことはない。Uはゼファーという単車を盗まれたと言っていた。単車の事故があったことは知らないし、誰が起こした事故なのか知らない。」などのうそを言い、本件事故の当時、U車が盗難被害を受けていたことなどから犯人はUではなく別人であるとする虚偽の説明をした。

　Xは、前記道路交通法違反及び自動車運転過失致死の各罪の犯人がUであると知りながら、Uとの間でU車は盗まれたことにするという、犯人として身柄の拘束を継続することに疑念を生じさせる内容の口裏合わせをした上、参考人として警察官に対して虚偽の供述をしたものである。

　このようなXの行為は、刑法103条にいう「罪を犯した者」をして現にされている身柄の拘束を免れさせるような性質の行為と認められるのであって、同条にいう「隠避させた」に当たると解する。したがって、Xについて犯人隠避罪の成立を認めた原判断は、是認できる。

解説

　犯人隠避罪の「隠避」とは、蔵匿以外の方法により官憲の発見逮捕を免れしむべき一切の行為をいうと解されている。「隠避」の典型的事例は「身代わり自白」であり、刑事司法作用を害する程度は大きなものがある。

　身代わり自白以外の犯人の特定事項についての虚偽供述については、直ちに「隠避」に該当するものではなく、その供述内容に沿った状況（口裏合わせ、書類の偽造、現場の偽装等）があった場合に「隠避」行為となる。

　最高裁は、本決定において、このような観点から、口裏合わせを伴う虚偽供述は「犯人の身柄の拘束を免れさせる性質の行為」であるから、隠避行為に該当すると判断した。

23 裁判所からの逃走

神戸地裁姫路支部平成29年4月21日判決

> 根拠法条：刑法97条、235条、盗犯等防止法2条、3条
> 参考文献：ＷＪ

ポイント　裁判審理中の隙をついた被告人の逃走

事案概要

　Ｓは、平成28年2月、富山県内の店舗からＣＤ10枚（販売価格合計2万8,809円）を万引きして盗んだ。同様に、石川県内の店舗からＣＤ19枚等34点（販売価格合計14万4,002円）を万引きして盗んだ。さらに、同年5月、兵庫県内の店舗から3回にわたりＤＶＤ17枚等21点（販売価格合計11万6,576円）を万引きして盗んだ。Ｓは、6月6日、窃盗罪で起訴され、拘置支所に勾留された。

　Ｓは、9月14日午前9時58分頃、兵庫県姫路市内の裁判所法廷において、刑務官2名の戒護の下、窃盗事件等の審理を受けていた際、刑務官の隙をついて法廷の検察官・弁護人入口から通路に走り出て、3階渡り廊下を通って本館へ移動し、階段を駆け下りた上、本館南側出入口から外に逃げ出して逃走した。

　Ｓは、同日午前10時3分頃、裁判所近くのマンション1階倉庫等において、靴1足及び交通系カード1枚等在中のカードケース1個（時価合計約3,600円相当）を持ち去り、マンション敷地内駐輪場で自転車1台（時価約5,000円相当）を乗り去って盗んだ。

　Ｓは、常習累犯窃盗及び逃走罪で起訴された。

判決要旨　有罪（懲役3年10月）

　Ｓは、本件当日、裁判所において審理を受けた際にも逃げようという気持ちにはなっていなかったが、両脇に座っていた刑務官が次回公判の日時のメモを取るために下を向いたのを見た瞬間、今であれば逃げられると思い、走りやすいようにスリッパを脱いで法廷入口に向かって走り出し、一般廊下に

出て、１階まで階段を駆け下りて裁判所建物の外に出て、さらに敷地外まで逃げ出した。他方、刑務官らはＳを追い掛けたが、裁判所建物を出た辺りでＳの行き先を見失った。

　道路へ逃げ出したＳは、とりあえず身を隠すため、近くの会社敷地を通り抜けて窃盗現場となったマンション敷地内へ立ち入った。そうしたところ、同所に、靴１足が置かれているのを発見し、靴を履いた方が走りやすいし裸足のままでは目立ちやすいと考えこれを盗み、また、すぐ近くにリュックサックがあったため、逃げるためには現金等も必要であると考え、リュックサックの中を調べ現金がチャージされているかもしれない交通系カード等を発見するやこれを盗んだ。

　さらに、そのすぐ横に駐輪場があったことから自転車があればより遠くへ逃げられると考え、無施錠の自転車を探して本件自転車を盗んだ。法廷で逃走を開始した時から各窃盗の実行までの時間は５分ないし６分であった。

解説

　本件は、犯人が、換金目的で５回にわたりＤＶＤ等を万引きしたという常習累犯窃盗、その審理中に法廷から逃走したという逃走、逃走中に靴などを盗んだという窃盗２件の事案である。

　このうち、逃走事件については、逃走開始から約20分後に捜査機関から発見され逮捕されたものではあるが、多数の警察官や警察車両が出動する事態となっており、地域社会に及ぼした影響は大きかった。

　なお、本件犯人は、当初は、逮捕されて早く服役して社会復帰したいという気持ちでいた。しかし、審理が思うように進まないと感じていらだちを募らせていたところ、留置されていた拘置支所において共同室から単独室に移され気を紛らわすことができなくなったことをきっかけに、この場所から逃げたいなどと強く考えるようになっていた。

糸魚川大火の刑事責任

新潟地裁高田支部平成29年11月15日判決

> 根拠法条：刑法117条の2
> 参考文献：裁判所 web

ポイント　**大規模火災の端緒となった失火行為**

事案概要

　Rは、新潟県糸魚川市内の木造瓦葺2階建店舗において、ラーメン店経営者として火気を使用して各種料理を調理する業務に従事していた。

　平成28年12月22日午前9時40分頃、Rは、同店の厨房において、竹の子及び水の入った中華鍋をガスコンロの火にかけて加熱するに当たり、その場を離れる際にはガスコンロの火を確実に消し、それを確認して離れるべき業務上の注意義務があるのに、これを怠った。

　Rは、鍋をガスコンロの火にかけて加熱していたことを失念して、そのまま帰宅した。中華鍋は水分が蒸発して高温状態となり、遅くとも午前10時23分頃までの間に鍋の内容物等が発火して燃え上がった。その火は、鍋付近の壁及び換気ダクト等に燃え移り、さらにその火は隣接する木造瓦葺2階建店舗兼住宅などの合計147棟に順次燃え移った。

　この結果、現に人が住居に使用し又は現に人がいる建造物、現に人が住居に使用していない建造物など、Rの店舗を含め合計147棟を焼損して（焼損床面積合計約3万平方メートル）、公共の危険を生じさせた。

　Rは、業務上失火で起訴された。

判決要旨　**有罪（禁錮3年・執行猶予5年）**

　本件犯行によって、被害発生地としては過去最大規模といえる火災が発生し、広範囲にわたって多数の住民の生命身体財産に対する極めて大きな公共の危険が発生するとともに、現に多数の家屋等が焼損しており、その被害の

程度は甚大である。このように、本件犯行の結果は大災害ともいうべき重大なものであり、この点は最も重視されなければならない。また、被害者らは、何ら落ち度もないのに、突然の火災により、生活の本拠である住居や営業のための店舗等を失ったものであって、その心情は察するに余りある。

　一方、これを引き起こしたRの過失の内容は、鍋を火にかけたままその場を離れるというものであって、料理人としてはもちろん、火気を扱う者としてごく基本的な注意義務に反しており、このこと自体あってはならないことである。以前にも、火元から離れたことで鍋の底に穴を空けることがあったというのであるから、火元から離れれば火災となりかねないものと容易に予想することができたというべきであって、その注意義務違反の程度は著しく、本件のような重大な結果は、起こるべくして起こったものといわざるをえない。以上からすれば、Rの責任は相応に重い。

解　説

　平成28年12月22日に新潟県糸魚川市内の飲食店（ラーメン店）で発生した火災は、折からのフェーン現象に伴う13メートル以上の南からの強風により燃え広がり、負傷者17名、焼損棟数147棟（全焼120棟、半焼5棟、部分焼22棟）、被災エリア約4万平方メートルという大火災となった。

　本火災は、ラーメン店店主が、厨房内で開店準備のための仕込み作業中、鍋を火にかけたまま店を離れたため、鍋の内容物等が発火して壁や換気ダクトに燃え移ったことが出火原因であった。このため、当該店主が、自己の店舗及び周辺の店舗住宅等合計147棟の建物を焼損したという業務上失火罪に問われた。

豆知識⑬　　結果的加重犯

　ある犯罪から行為者の意図しない重い結果が生じた場合に、加重された刑で処罰される罪をいう。例えば、傷害を加える意図で傷害を負わせたところ、被害者が死亡した場合、傷害致死罪として刑が加重される。

25 ストーカー目的でのマンションへの立入り

福岡高裁平成28年7月5日判決

> 根拠法条：刑法130条前段、ストーカー規制法2条、18条
> 参考文献：判タ1431号

|ポ|イ|ン|ト|　オートロック式マンションの共用部分への入り込み

事案概要

　Nは、甲（当時37歳）に対する恋愛感情その他の好意の感情を充足する目的で、正当な理由がないのに、平成27年4月14日午前8時51分頃、甲が居住している北九州市内のマンション1階出入口から居住者がオートロック式扉を解錠したのに乗じて侵入し、甲方に押し掛けた。そして、甲方前において、携帯電話を介して甲と通話する中で、「中に入れて。部屋のドアを開けて。」などと言って、面会その他義務のないことを行うよう要求した。

　また、Nは、同様の手口でマンションに侵入して甲方に押し掛け、甲に携帯電話を介して面会その他義務のないことを行うよう要求するなどした。さらに、Nは、警備員を殴打するなどして業務を妨害し（威力業務妨害、暴行）、生活保護受給中に実際の収入額を届け出ず、生活扶助費等の返還を免れた（詐欺）。

　Nは、威力業務妨害、暴行、詐欺に加えて、ストーカー規制法違反、邸宅侵入罪で起訴された。1審は、威力業務妨害、暴行、詐欺についてはNを有罪としたが、ストーカー規制法違反及び邸宅侵入罪については、一連の所為はストーカー行為に該当するとはいえず、マンション内に立ち入った行為も邸宅侵入には当たらないとして無罪とした。検察官が控訴した。

判決要旨　原判決破棄・有罪（懲役2年4月）

> 　甲の住むマンションは建物全体の玄関部分をオートロック式としており、居住者とその許可を得た者以外の立入りを許容していない。Nは、他の居住者による出入りに合わせてオートロックをすり抜け、甲の居室前に至ってい

る。このように、本来なら立ち入れない場所まで押し掛けることは、正に身体の安全や住居等の平穏を害される不安を増大させる要素であるから、不安方法の判断に際し重視する必要がある。

　本件マンションの構造と管理状況、Nによる立入り行為の態様・方法は上記のとおりであり、Nは、看守者の意思に反し、正当な理由なく本件マンションに侵入したものと認められるから、Nによる所為については邸宅侵入罪が成立する。

　原判決は立入りの態様等に照らして同罪は成立しないとし、弁護人も、Nの行為は住居の平穏を害さず、看守者の意思に反する程度も大きくないから同罪は成立しない旨を主張するが、Nが、甲の意思に反することを認識しながら、甲方居室前まで押し掛けて面会を要求するために上記の方法で本件マンションに立ち入ったことに鑑みれば、かかる行為が住居の平穏を害することは明らかである。

解説

　本事案において住居でなく邸宅侵入とされたのは、侵入先が居室そのものではなく、マンション共用部分にとどまるためであったからである。ここで「侵入」とは、他人の看守する建造物等に管理権者の意思に反して立ち入ることをいうと解されている。

　したがって、建造物内の共用部分への立入りであっても、その目的や態様、建造物の性質・構造・管理状況等に照らして管理権者が容認していないと合理的に判断される場合には、管理権者の意思に反するものとして侵入罪が成立する。

　本判決においても、同様の観点から、居住者の意思に反することを認識しながら、他の居住者の出入りに合わせてマンション共用部分に入り込んだ行為について、邸宅侵入罪の成立を認める判断を示している。

強制わいせつ罪と性的意図の有無

最高裁平成29年11月29日判決

根拠法条：刑法176条
参考文献：判タ1452号

ポイント　強制わいせつ罪における被害者重視

事案概要

　Zは、児童ポルノを製造する対価として融資を得る目的で、当時7歳の被害女子に対し、Zの陰茎を口にくわえさせるなどのわいせつな行為をし、その様子を撮影するなどして児童ポルノを製造した。Zは、強制わいせつ、児童ポルノ製造等で起訴された。

　1審は、Zに自己の性欲を満たす性的意図があったとは認定できないとしたが、昭和45年最高裁判例は相当でないと判断し、強制わいせつ罪の成立を認め、他の公訴事実と併せて有罪（懲役3年6月）とした。2審は、行為者の性的意図の有無は強制わいせつ罪の成立に影響を及ぼさないとして、控訴を棄却した。

　Zは上告し、原判決は、昭和45年最高裁判例と相反すると主張した。

判決要旨　上告棄却

　今日では、強制わいせつ罪の成立要件の解釈をするに当たっては、被害者の受けた性的な被害の有無やその内容、程度にこそ目を向けるべきであって、行為者の性的意図を同罪の成立要件とする昭和45年最高裁判例の解釈は、その正当性を支える実質的な根拠を見いだすことが一層難しくなっているといわざるを得ず、もはや維持し難い。

　刑法176条にいうわいせつ行為に当たるか否かの判断を行うためには、行為そのものが持つ性的性質の有無及び程度を十分に踏まえた上で、事案によっては、当該行為が行われた際の具体的状況等の諸般の事情をも総合考慮し、社会通念に照らし、その行為に性的な意味があるといえるか否かや、そ

の性的な意味合いの強さを個別事案に応じた具体的事実関係に基づいて判断せざるを得ないことになる。したがって、そのような個別具体的な事情の一つとして、行為者の目的等の主観的事情を判断要素として考慮すべき場合があり得ることは否定し難い。しかし、そのような場合があるとしても、故意以外の行為者の性的意図を一律に強制わいせつ罪の成立要件とすることは相当ではなく、昭和45年最高裁判例の解釈は変更されるべきである。

　本件についてみると、当該行為そのものが持つ性的性質が明確な行為であるから、その他の事情を考慮するまでもなく、性的な意味の強い行為として客観的にわいせつな行為であることが明らかであり、強制わいせつ罪の成立を認めた第1審判決を是認した原判決の結論は相当である。

解説

　昭和45年の最高裁判例（昭和45年1月29日判決）は、被害者の裸体写真を撮って仕返しをしようと考えて、脅迫により畏怖している被害者を裸体にさせて写真撮影をした事案について、「強制わいせつ罪が成立するためには、その行為が犯人の性欲を刺激興奮させまたは満足させるという性的意図のもとに行なわれることを要し、婦女を脅迫し裸にして撮影する行為であつても、これが専らその婦女に報復し、または、これを侮辱し、虐待する目的に出たときは、強要罪その他の罪を構成するのは格別、強制わいせつ罪は成立しない」と判示し、性欲を刺激興奮させ、または満足させる等の性的意図がなくても強制わいせつ罪が成立するとした原判決は、刑法176条の解釈適用を誤ったものであるとして、原判決を破棄した。

　本判決は、昭和45年の最高裁判例を変更し、強制わいせつ罪を性的自由等の個人的法益に対する罪であるとの考え方を明確化している。

27 山岳遭難事故とガイドの責任
東京高裁平成27年10月30日判決

> 根拠法条：刑法211条
> 参考文献：判時2328号

ポイント　有料登山ツアーの安全確保

事案概要

　山岳ガイドの業務に従事していたTは、北アルプスを縦断する5泊6日の有料登山ツアーを企画、主催した。Tは、5名の女性登山客（当時53歳から67歳まで）を引率し、1名の登山ガイド見習いを随行させて出発した。

　Tは、登山1日目の平成18年10月7日午前5時過ぎ頃、降雨の中、富山県黒部市内の温泉山小屋から長野県白馬村内の山荘を目指して、登山を開始した。午前10時15分頃、途中の避難小屋を経由し、高度2,000メートルから2,500メートルになる尾根を経て白馬山荘に向かった。Tらは、その登山道上で急激な天候悪化に見舞われた。このため、登山客らは、強風、みぞれ、吹雪等にさらされて、追従、歩行ができない状態に陥って、4名が低体温症で死亡した。

　Tは、業務上過失致死で起訴された。1審は、Tと同等の立場にある通常の登山ガイドとしては、登山を続行すれば天候悪化により被害者らが稜線上で凍死に至る危険性を予見することができたから、Tには途中で登山を中止して避難小屋に引き返すなどして遭難事故の発生を未然に防止すべき注意義務があると判断して、その義務に違反して登山を続行して遭難事故を生じさせたTの過失を認め、業務上過失致死罪の成立を認めた（禁錮3年・執行猶予5年）。

　Tは控訴し、本件では予見可能性はなく、結果回避義務もないから、過失はないなどと主張した。

判決要旨　控訴棄却

> 　本件遭難事故は、本件有料登山ツアーを企画、主催し、山岳ガイドとして

登山客らを引率していたＴが、登山を続行する中で天候の悪化に見舞われて発生したものであるから、登山客を引率して登山を続行したＴの行為が遭難事故の原因となったものといえる。

　このようなＴに対して過失責任を問うためには、普通に注意をしていれば天候の悪化による遭難事故の発生を予見することができたにもかかわらず、必要な注意を欠いてその予見をせずに登山を続行した、といえることが必要と考えられる。そして、遭難事故となる危険性があるような天候の悪化が予見できれば、遭難事故を避けるために登山を中止することが期待できるのであるから、過失判断の前提としての予見の内容としては、「遭難事故となる危険性のあるような天候の悪化の可能性」で足り、それ以上に「現に生じたような著しい天候の悪化の可能性」は予見の対象とならない。

　Ｔと同等の立場にある通常の山岳ガイドであれば、本州南岸の温帯低気圧が発達を続けながらゆっくりと北上することによって、本州付近が冬型の気圧配置になり、天候が悪化し、本件登山コース上で、登山客らが強風、みぞれ、吹雪等にさらされ、低体温症に陥って、追従、歩行が困難となり、遭難事故により死亡するに至る危険を予見することは可能であった。

[解]\[説]

　有料登山ツアーでは、登山客が自己責任で行う通常登山の場合と異なり、登山客は安全確保についてツアー引率者に依存することが大きいと考えられる。

　本判決においても、山岳ガイドには、登山客の服装・装備について絶えずチェックし、暑さ、寒さの程度や天候の変化の見込みに応じて脱ぎ着を指示し、確認することが求められる、と判示している。

介護施設火災と消火設備の不備

28

長崎地裁平成30年2月1日判決

> 根拠法条：刑法211条
> 参考文献：裁判所 web

ポイント　入居型介護施設（グループホーム）の安全設備

事案概要

　Kは、認知症対応型共同生活介護事業所丙の経営、管理等の業務全般を統括するとともに、消防用設備等を設置、維持するなどの業務に従事していた。

　丙事業所は傾斜地に建てられており、道路に面した玄関は2階部分にあり、各階の移動には階段を使う必要がある構造となっていた。当時、丙事業所には自立歩行のできない者を含む要介護認定を受けた認知症の高齢者が多数入居していたが、入居者介護に従事する介護職員が1名のみである時間帯があった。

　このような状況下で丙事業所の施設内で火災が発生すれば、施設内に燃え広がり、入居者や職員の生命、身体に危険を及ぼすおそれがあった。Kは、スプリンクラー設備を設置し、火災発生時における入居者等の生命、身体の安全を確保すべき業務上の注意義務を負っていたが、これを怠り、同設備を設置しないまま漫然と丙事業所の業務運営を継続した。

　平成25年2月8日午後7時20分頃、丙事業所2階にあるD（当時78歳）の居室から出火したが、早期にこれを消火し、その延焼を防止することができず、丙事業所の施設内に燃え広がった。

　その結果、入居者E（当時88歳）ら5名を一酸化炭素中毒等により死亡させるとともに、Dら5名に気道熱傷等の傷害を負わせた。

　Kは、業務上過失致死傷で起訴された。

判決要旨　有罪（禁錮2年・執行猶予4年）

　弁護人は、①Kが本件施設には消防法令上のスプリンクラー設置義務はな

いものと誤解していたこと、②本件施設にスプリンクラーを設置するのは困難であると聞いていたことを考えると、Kが本件施設にスプリンクラーを設置する期待可能性は低かった旨主張する。

しかし、①の点については、本件施設の構造や入居者の様子等に照らせば、火災になった際の危険は容易に予見できるのであり、Kがスプリンクラーを設置しなかったことがやむを得ないとは到底考えられない。②の点については、Kが本件施設にスプリンクラーを設置することを検討した際、その見積りを依頼した会社の従業員がKに対し、費用がかかるもののスプリンクラーの設置は可能である旨説明した事実が認められ、弁護人の主張はその前提を欠くものである。

解説

本件は、認知症グループホームにおいて火災が発生し、多数の死傷者が出た事案に関して、その施設管理者がスプリンクラー等の消火設備を設置せずに施設を運営していたとして、業務上過失致死傷に問われたものである。

本件施設には、認知症高齢者が多数居住していたにもかかわらず、夜間には介護に従事する施設職員が1名のみになることもあった。ひとたび火災が発生すれば、施設職員が全ての居住者を施設外に避難させることは難しく、居住者が火災から逃げ遅れ、その生命を奪う結果が生じる危険があることは明白であった。

豆知識⑭　過失の予見可能性

刑法は、故意犯処罰が原則であり、過失犯を処罰するには特別の規定を必要とする（刑法38条1項）。過失とは、不注意により犯罪結果の予見可能性の認識を欠いた心理的状態をいう。予見可能性とは、危険な事態や被害発生の可能性があることを事前に認識できたか否か、ということである。予見可能性が認められなければ、過失犯は成立しない。

第2

知能犯罪

29 資金洗浄目的の銀行口座開設

さいたま地裁平成20年2月14日判決

根拠法条：刑法60条、246条1項、組織的犯罪処罰法10条
参考文献：裁判所 web

ポイント　**国際的な資金洗浄行為への加担**

事案概要

　M及びNは、共謀の上、埼玉県内の銀行支店において、真実は開設する普通預金口座を第三者のために利用する意思であるのに、その情を秘し、個人事業を営む旨の内容虚偽の説明をして、普通預金口座の開設及び預金通帳・キャッシュカードの交付を申し込み、銀行員に所要の手続をとらせ、預金通帳やキャッシュカードの交付を受けた。Mらは、同様の手口を用いて、他の共犯者を利用するなどして、他の銀行からも5件の預金通帳やキャッシュカードの交付を受けた。

　Mらは、平成18年3月2日、アメリカ合衆国内の銀行から不正に開設させた普通預金口座に振込送金された現金2,161万円余について、これが氏名不詳者によって詐取された金員であることを知りながら、銀行員から送金理由等を尋ねられた際、内容虚偽の説明をして金員取得が正当な事業収益の取得であるかのように装い、犯罪収益の取得について事実を仮装した。

　Mらは、詐欺、組織的犯罪処罰法違反で起訴された。

判決要旨　**有罪（Mは懲役4年、Nは懲役3年）**

　本件で詐取された預金通帳やキャッシュカードは、それ自体、財物としての価値は高くないものの、銀行取引に必須の取引手段として高い社会的機能を有している。しかも、銀行では、組織的な犯罪が社会生活を著しく害しており、犯罪による収益がこの種犯罪を助長するなどとして、犯罪収益の隠匿を防止すべきであるとする、国際的かつ社会的な要請にも応える趣旨から、総合口座取引規定等によって預金通帳やキャッシュカードを名義人以外の第

三者に利用させることなどを禁止するとともに、名義人の本人確認に加え、事業に使用される口座については事業内容及び口座開設目的の確認も励行している。

　ところが、Mらは、この禁止規定に違反し、銀行の事業内容等の確認作業をもかいくぐりながら、口座の開設目的を偽って預金通帳等を詐取したばかりか、その預金口座が実際にも多額の犯罪収益の資金洗浄に繰り返し利用されていることがうかがわれる。

　とりわけ、犯行により開設された預金口座には、アメリカ合衆国での詐欺の被害金員である2,161万円余もの多額の犯罪収益が振り込まれたところ、被害者側からの返金要求を不能にして、被害回復を著しく困難にしている。

解説

　本件は、犯人らが、第三者に利用させる目的で預金通帳やキャッシュカードの詐取を繰り返した詐欺、並びに、詐欺の犯行により開設された預金口座に送金されてきた犯罪収益の取得につき、銀行側に内容虚偽の説明をして事実を仮装した組織的犯罪処罰法違反（いわゆる資金洗浄行為）の事案である。犯人らは、資金洗浄犯罪のみで約118万円もの報酬を得るなど、多額の不正利益を得ていた。

　銀行からの預金通帳等の詐取に関しては、海外における詐欺事件の被害金を資金洗浄するための受入口座とする意図、すなわち、第三者に利用させる意図であるのに、あたかも自らが事業の資金管理に利用するかのように仮装していた。

　また、資金洗浄行為については、銀行員からの送金理由の確認には正常な取引に基づくかのように答え、返金要請に対しても取引が完了しており返金できないと答えるなど、国際的な資金洗浄の犯行に加担し、被害回復を不能にしていた。

豆知識⑮　欺もう行為と錯誤

　詐欺とは、人を欺く行為により、相手方を錯誤に陥らせ、その錯誤を利用して、財物を交付（処分）させることをいう。

30 街頭募金を装った詐欺

最高裁平成22年3月17日決定

根拠法条：刑法246条1項
参考文献：判時2081号

ポ イ ン ト　　特殊形態の詐欺行為

事 案 概 要

　Hは、難病の子供たちの支援活動を装って、街頭募金名下に通行人から金をだまし取ろうと企てた。

　平成16年10月21日頃から12月22日頃までの間、関西地方の大阪市、京都市、神戸市等の市内及び周辺各所の路上において、虚偽広告等によりアルバイトとして雇用した事情を知らない募金活動員らを配置し、おおむね午前10時頃から午後9時頃までの間、募金活動員らに、「幼い命を救おう」「特定非営利団体NPO緊急支援グループ」などと大書した立看板を立てさせた上、一箱ずつ募金箱を持たせた。そして、「難病の子供たちを救うために募金に協力をお願いします」などと連呼させ、難病の子供たちへの支援を装った募金活動をさせた。

　その結果、多数の通行人が、寄付金がHの個人的用途に費消されることなく難病の子供たちへの支援金に充てられるものと誤信し、1円から1万円までの現金総額約2,480万円を寄付した。Hは、これら募金名下に集めた金について、経費や人件費等に充てるとともに、残金の大半を自己の用途に費消した。

　Hは、職業安定法違反、詐欺、組織的犯罪処罰法違反で起訴された。1審は、本件詐欺事実について包括一罪と解し、Hを有罪（懲役5年、罰金200万円）とした。2審もこれを是認した。

　Hは上告し、詐欺罪は個人的法益に対する罪であり、本件街頭募金詐欺については募金に応じた者ごとに犯罪が成立するから併合罪とすべきであり、訴因が不特定であるなどと主張した。

決定要旨 上告棄却

　この犯行は、偽装の募金活動を主宰するHが、約2か月間にわたり、アルバイトとして雇用した事情を知らない多数の募金活動員を関西一円の通行人が多い場所に配置し、募金の趣旨を立看板で掲示させるとともに、募金箱を持たせて寄付を勧誘する発言を連呼させ、これに応じた通行人から現金をだまし取ったというものである。

　個々の被害者ごと区別して個別に欺もう行為を行うものではなく、不特定多数の通行人一般に対し、一括して、適宜の日、場所において、連日のように同一内容の定型的な働き掛けを行って寄付を募るという態様のものであり、かつ、Hの一個の意思、企図に基づき継続して行われた活動であったと認められる。

　加えて、このような募金活動においては、これに応じる被害者は、比較的少額の現金を募金箱に投入すると、そのまま名前も告げずに立ち去ってしまうのが通例であり、募金箱に投入された現金は直ちに他の被害者が投入したものと混和して特定性を失うものであって、個々に区別して受領するものではない。

　以上のような本件街頭募金詐欺の特徴に鑑みると、これを一体にものと評価して包括一罪と解した原判決は是認できる。そして、その罪となるべき事実は、募金に応じた多数人を被害者とした上、Hの行った募金の方法、その方法により募金を行った期間、場所及びこれにより得た総金額を摘示することをもってその特定に欠けるところはない。

解説

　本件街頭募金詐欺では、個々の被害者や被害額は特定できないものの、現に募金に応じた者が多数存在し、それらの者が詐欺に遭ったことは明らかであった。このような特殊な形態の詐欺行為のため、本決定では包括一罪としての詐欺罪の成立を認めている。

他人名義保険証による入院治療

31

東京地裁平成27年6月2日判決

根拠法条：刑法246条2項
参考文献：判タ1426号

ポイント　療養の給付と詐欺利得罪

事案概要

　Vは、繁華街のサウナに宿泊して客引きをしていた。Vは、吐き気等の症状が止まらないことから病院を受診しようとしたが、自らの保険証を有していなかったため、知人乙の保険証を使って診療費用を抑えようと考えた。

　Vは、平成26年11月15日、東京都新宿区内の病院において、病院受付事務員に対し、自己が乙であるかのように装い、乙名義の国民健康保険被保険者証を提出するなどして療養の給付を申し込み、事務員に乙であると誤信させ、同日から23日までの間、病院医師らから入院治療等（診療報酬合計44万円余相当）を受け、財産上不法の利益を得た。

　Vは、詐欺罪で起訴された。公判において、弁護人は、国民健康保険法による療養の給付（保険診療）とそれ以外の療養の給付とは観念的に区別がなしえず、国民健康保険被保険者証の提示如何にかかわらず、入院治療等はなされたであろうから、Vの行為は欺もう行為に当たらないなどと主張した。

判決要旨　有罪（懲役1年）

　本件病院関係者の供述によれば、Vが病院で乙の国民健康保険被保険者証を使って乙を装って療養の給付の申込みをした際、Vが被保険者である乙でなければ受付事務担当者は保険給付の受付をせず、受付がなされない限りは、医師らがVを被保険者として保険給付たる治療等をすることもなかったことが明らかに認められる。

　加えて、国民健康保険被保険者証を有しない者が他人の国民健康保険被保

険者証を使い、当該他人を装って保険診療を受けることが違法であること
は、社会一般にとっていわば常識的な事項であるといえ、Ｖも、乙の国民健
康保険被保険者証を使って乙の氏名を偽ることが違法であることは認識して
いた旨供述している。
　　以上によれば、Ｖの本件行為が欺もう行為に当たることは明らかであり、
本件で詐欺罪が成立することは認められる。

解説

　国民健康保険による療養の給付は、それ以外による療養の給付とは法律上明確
に区別されており、国民健康保険法は療養の給付を受ける者を同法の被保険者に
限定している。同法では、世帯主の届出を通して国民健康保険被保険者証が当該
被保険者に交付され、被保険者でない者は療養の給付を受けることはできない。
仮に、被保険者でない者が、他人の被保険者証を使って同人を装い、療養の給付
を受けた場合には、誤診や重大な医療事故につながるおそれがある。
　本件は、体調不良の犯人が、病院を受診しようとしたものの保険証を所持して
いなかったことから、知人名義の国民健康保険被保険者証を用いて療養の給付を
受けようと考え、病院の受付事務担当者に対し、知人を装って保険証を提出する
などして療養の給付を申し込み、担当者に知人であると誤信させ、1週間余りの
間、病院医師らから入院治療等を受け、財産上不法の利益を得たという事案であ
る。なお、本件犯行のきっかけとなった体調不良は、殴り合いの喧嘩をしたこと
が端緒となっていた。

豆知識⑯　包括一罪

　包括一罪とは、ある一つの刑罰法規に触れる数個の行為を全体として一つのものと
みて、一罪とされる場合をいう。例えば、同一人を逮捕して引き続き監禁した場合、
包括的にみて1個の逮捕監禁罪となる。

32 臍帯血移植事件

松山地裁平成29年12月14日判決

> 根拠法条：刑法60条、246条2項、252条1項、再生医療法60条1号、4条
> 　　　　　1項
> 参考文献：裁判所 web

ポイント　**先端医療を悪用した犯罪行為**

事案概要

　Qは、臍帯血保管等を業とするA社と臍帯血販売等を業とするB社の代表取締役であった。Qは、平成26年12月、長男の臍帯血の保管をA社に委託していた甲（当時38歳）に対し、「臍帯血を研究に使わせていただきたい。」などとうそを言い、臍帯血提供同意書等に署名押印させ、その長男の臍帯血1個（販売価格80万円相当）の所有権を無償で譲渡させ、財産上不法の利益を得た。Qは、平成27年2月、同様な手口で、乙（当時56歳）から、その長男及び次男の臍帯血2個（販売価格合計150万円相当）の所有権を無償で譲渡させ、財産上不法の利益を得た（詐欺）。

　Qは、医師らと共謀の上、大阪市内のC診療所において、他人間の臍帯血移植を実施するに当たり、再生医療等提供計画を提出することなく、平成28年2月13日から29年4月14日までの間、3回にわたり、丙ら2名に対し、分離調製済みの冷凍保存された他人の臍帯血を解凍して投与した。Qは、医師らと共謀の上、東京都内のD診療所において、同様に、平成28年7月28日から29年4月12日までの間、6回にわたり、丁ら4名に対し、分離調製済みの冷凍保存された他人の臍帯血を解凍して投与した（再生医療法違反）。

　Qは、平成28年11月、警察から臍帯血664個の差押えを受け、そのうち649個の仮還付を受けて保管中、うち2個の臍帯血を勝手に持ち出して、診療所管理者に譲り渡した（横領）。

　Qは、詐欺、横領、再生医療法違反で起訴された。

判決要旨　有罪（懲役2年4月・執行猶予3年）

　　Qらは、平成27年11月に再生医療法の罰則適用の対象となり、28年1月には厚生労働省から本件臍帯血移植が再生医療法の対象となるため直ちに治療の提供を中止し、法に基づく手続を行うよう行政指導を受けたにもかかわらず、その後も、Qから臍帯血の卸売業者を経由して提供された臍帯血を用いて犯行に及び、多額の利益を得ていたのであり、法の趣旨を没却する悪質な犯行であった。加えて、共犯者である医師において、事実とは異なる診断名をカルテに記載するなどして再生医療法の適用除外となる臍帯血移植であるかのように装いながら犯行に及んでいた。

　　Qは、卸売業者を介して共犯者の医師に継続的に臍帯血を提供し、臍帯血移植の症例に係る照会に回答するなど重要な役割を果たし、再生医療法違反の犯行に限っても、臍帯血の販売によって約970万円という多額の利益を得ている。

　　詐欺の犯行についてみると、Qは、将来子供が病気になった場合に備えて有償で保管委託していた臍帯血に思い入れのある被害者に対し、臍帯血が再生医療発展のため研究に用いられるなどと申し向けその旨を信じ込ませ、臍帯血合計3個の所有権を放棄させた。被害者の善意等を利用し、言葉巧みに臍帯血をだまし取った手口は悪質というほかない。不正に入手した臍帯血のうちの2個を合計330万円もの高額で売却し、利益を得ている。

解説

　本件は、民間の臍帯血バンクが経営破綻してその事業を引き継いだ犯人が、被害者に虚偽の説明をして臍帯血を無償譲渡させた詐欺、診療所管理者らと共謀して、大腸がんの治療、脳性麻痺の治療、アンチエイジング等の目的で、他人の臍帯血を解凍して静脈注射等をする方法で臍帯血移植を行った再生医療法違反等の事案である。

認知症高齢者に対する準詐欺

神戸地裁平成31年2月21日判決

根拠法条：刑法248条
参考文献：WJ

ポイント　判断能力が不完全な高齢者による贈与行為

事案概要

　Yは、Fが認知症で事物の判断をするのに十分な普通人の知能を欠く状態にあることに乗じて、Fから自己が経営する会社名義の口座等へ現金の振込入金を受けようと考えた。

　Yは、平成25年5月30日、F（当時81歳）を神戸市内のa信用金庫c支店に同行した上、同支店において、F作成名義の払戻請求書1通及び振込依頼書1通を提出するなどして、F名義の普通預金口座から払戻しを受けた現金6,800万円をY管理の普通預金口座に振込入金させた。

　Yは、その後も同様の手口を用いて、Fをa信用金庫やb信用金庫の支店に同行した上、同年7月3日に現金720万円、7月10日に現金1,400万円、平成26年1月27日に現金1,000万円を払い戻させた上で、Y管理の普通預金口座に振込入金させた。

　Yは、準詐欺で起訴された。公判において、弁護人は、FによるY管理口座への振込入金は正当な贈与又は預り金であって、Fは、各振込時点では認知症には罹患しておらず、YはFが「心神耗弱」の状態にあるとは認識していなかったから、準詐欺罪は成立しないなどと主張した。

判決要旨　有罪（懲役4年）

　Fには、平成24年頃から記憶障害、見当識障害等の認知症症状が現れるようになり、平成25年5月30日の時点では、任意後見契約等の意味内容を正しく理解することができず、B医師による鑑定が実施された平成26年夏の時点

では、認知症は中程度まで進行し、意思疎通はほぼ可能であるものの、社会生活状況に応じた合理的な判断等をする能力が著しく障害された状態にあったと認められる。

　本件各犯行によりＦがＹ管理口座に振込入金して交付した現金の総額は9,920万円にも上っており、これによりＹが多大な利益を得ている一方、Ｆが、Ｙから受ける利益は、平成25年５月20日に締結された財産管理等委任契約等によって、Ｙが、Ｆの財産等を管理して、財産の保全と生活の安定を図るというものにすぎず、その内容は明確ではない上、将来履行される確証もなく、両者が受ける利益は全く均衡がとれていない。Ｆには子がいなかったことを踏まえても、同居している夫の存命中に他人であるＹに１億円近い贈与をすること自体、当時、合理的な判断ができていなかったことを推認させる事実といえる。

　そうすると、Ｆは、本件各犯行当時、意思疎通には大きな問題はなかったものの、認知症による記憶障害等のために、社会生活状況に応じた合理的な判断をする能力が障害されていたといえるから、精神の健全さを欠き、事物の判断を行うために十分な普通人の知能を備えていない状態、すなわち刑法248条の「心神耗弱」の状態にあったものと認められる。

解｜説

　刑法248条の準詐欺罪は、刑法246条の詐欺罪における欺もう行為や被害者の錯誤は要件とはされておらず、未成年者の知慮浅薄や人の心神耗弱に乗じて、財産を交付させる罪である。

　準詐欺罪にいう「心神耗弱」とは、精神の健全さを欠き、事物の判断を行うために十分な普通人の知能を備えていない状態にあることをいい、その知能の減退は交付行為に向けられた意思に瑕疵があったといえる程度であれば足り、刑法39条２項の心神耗弱者のような著しい能力の減退は必要ないと考えられている。

　本件は、意思疎通はほぼ可能であって、判断能力が完全に失われているわけではない被害者の意思に基づく贈与が問題とされた事案である。

　本判決では、被害者が刑法248条の「心神耗弱」の状態にあることを未必的に認識しながら、犯人が財物を交付させたものであると判断し、準詐欺罪が成立すると判示した。

だまされたふり作戦と詐欺未遂

34 最高裁平成29年12月11日決定

> 根拠法条：刑法60条、246条1項、250条
> 参考文献：判タ1448号

ポ イ ン ト　特殊詐欺における一部加担者の罪責

事 案 概 要

　Uは、氏名不詳者らと共謀の上、甲がロト6（数字選択式宝くじ）に必ず当選する特別抽選に選ばれたとしてその当選金を受け取ることができると誤信しているのに乗じ、現金をだまし取ろうと考えた。

　平成27年3月16日、Xを名乗る氏名不詳者は、甲に対し、電話で「甲さんの100万円が間に合わなかったので、立て替えて100万円を私が払いました。」「甲さんじゃない人が送ったことがばれてしまい、今回の特別抽選はなくなりました。不正があったので、違約金を払わないといけないので、150万円を準備できますか。」などとうそを言って、現金150万円の交付を要求した。甲は、違約金を支払う必要があり、違約金を支払えばロト6に必ず当たる特別抽選に参加できる旨誤信し、指定された大阪市内の住所に現金120万円を配送することとした。

　その後、甲はうそを見破り、警察官に相談して「だまされたふり作戦」を開始し、現金が入っていない箱を指定された場所に発送した。Uは、だまされたふり作戦が開始されたことを認識せずに、氏名不詳者から報酬約束の下に荷物受領を依頼され、引き受けた。Uは、3月25日、指定された空き部屋で甲から発送された荷物を受領した。

　Uは、詐欺未遂罪で起訴された。1審は、Uの共謀加担前に共犯者が欺もう行為によって詐欺の結果発生の危険性を発生させたがそれは帰責できず、共謀加担後はだまされたふり作戦が開始されていたため詐欺の実行行為はないなどとして、Uを無罪とした。

　2審は、欺もう行為後の共謀に基づき財物交付の部分に関与したとして、だまされたふり作戦の開始にかかわらず、Uに詐欺未遂罪が成立するとして有罪（懲役3年・執行猶予5年）とした。Uが上告した。

決定要旨　上告棄却

> Xを名乗る氏名不詳者は、平成27年３月16日頃、甲に本件欺もう文言を告げた（本件欺もう行為）。その後、甲は、うそを見破り、警察官に相談してだまされたふり作戦を開始し、現金が入っていない箱を指定された場所に発送した。一方、Uは、３月24日以降、だまされたふり作戦が開始されたことを認識せずに、氏名不詳者から報酬約束の下に荷物の受領を依頼され、それが詐欺の被害金を受け取る役割である可能性を認識しつつこれを引き受け、３月25日、本件空き部屋で、甲から発送された現金が入っていない荷物を受領した（本件受領行為）。
>
> 前記の事実関係によれば、Uは、本件詐欺につき、共犯者による本件欺もう行為がされた後、だまされたふり作戦が開始されたことを認識せずに、共犯者らと共謀の上、本件詐欺を完遂する上で本件欺もう行為と一体のものとして予定されていた本件受領行為に関与している。
>
> そうすると、だまされたふり作戦の開始いかんにかかわらず、Uは、その加功前の本件欺もう行為の点も含めた本件詐欺につき、詐欺未遂罪の共同正犯としての責任を負うと解するのが相当である。

解説

　特殊詐欺における「だまされたふり作戦」は、だまされたことに気付いた、あるいはそれを疑った被害者側が、捜査機関と協力の上、引き続き犯人側の要求どおりに行動しているふりをして、受領行為等の際に犯人を検挙しようとする捜査手法である。

　本件は、共犯者による欺もう行為後にだまされたふり作戦開始を認識せずに、共謀の上被害者から発送された荷物の受領行為に関与した者が、詐欺未遂罪の共同正犯の責任を負うとされた事案である。

豆知識⑰　　だまされたふり作戦

　特殊詐欺事件に対する捜査手法の一つ。不審な電話があったとき、被害者がだまされたふりをして、訪問日時や振込先銀行口座などを聞き出し、警察へ通報する作戦。おびき出しによる犯人逮捕や犯行に利用された銀行口座凍結などを目的としている。

現金引出し役の詐欺行為の認識

高松高裁平成30年3月1日判決

> 根拠法条：刑法60条、235条、246条1項
> 参考文献：判時2407号

ポイント　**特殊詐欺の出し子と詐欺行為の共謀**

事案概要

　Sは、平成28年5月頃までに、刑務所で知り合った人物（指示役）から、キャッシュカードを使ってATMから現金を引き出す仕事を、1回の引出しごとに2万円の報酬を支払う約束で持ち掛けられて、承諾した。

　Sは、Zらと共謀の上、キャッシュカードをだまし取ろうと考え、平成28年5月26日、氏名不詳者らが徳島市内のA方に複数回電話をかけ、A（当時76歳）に対し、キャッシュカードが不正利用されるおそれがあるので銀行協会職員に預ける必要があるなどとうそを言って、Aを誤信させ、氏名不詳者がAからキャッシュカード1枚を詐取した。同日、同様手口で徳島市居住のB（当時81歳）からキャッシュカード5枚を詐取した（5月の詐欺）。Sは、これらの詐取したキャッシュカードを用いて、徳島市内の銀行ATMを利用して、合計300万円の現金を窃取した。

　Sらは、同様の手口を用いて、同年9月21日、徳島市居住のC（当時82歳）及びD（当時80歳）からキャッシュカード合計4枚を詐取した（9月の詐欺）。Sは、これらの詐取したキャッシュカードを用いて、徳島市内の銀行ATMを利用して合計81万円の現金を窃取した。

　Sは、窃盗・詐欺等で起訴された。1審はSを有罪（懲役5年）とした。Sが控訴した。

判決要旨　**原判決破棄・有罪（懲役4年8月）（確定）**

　Sは、9月の詐欺までの間に、指定された場所で待機したもののキャッ

シュカードを受け取るに至らなかったことを経験し、かつ、多数回「仕事」を引き受けてATMからの現金窃盗を繰り返している。そうすると、Sは、これらの経験をしたことから、9月の詐欺に係る「仕事」を引き受けた時点においては、一連の犯行の仕組みを相当程度理解しており、自分が現金引出しに使うキャッシュカードはいまだ入手されておらず、これからそれをだまし取る場合もあると認識していた。すなわち、指示役と通じた者がこれから詐欺を行うことを未必的に認識していたと推認することができる。

そして、共謀に関しては、現金の引出しが、キャッシュカードの詐欺にとってその実質的利益を確保するために不可欠な行為であることはもとより、詐欺の発覚前に確実に現金を引き出すためには、引出し役が現地で待機している必要があることについても、上記の時点までにSは認識していたと推認することができる。

さらに、関係者の証言によれば、Zは、キャッシュカードの受取り役の確保や派遣にも関わるなど、一連の犯行に深く関わっていると認められる。Sは、約5か月の間、そのようなZの指示を受けて、報酬約束の下、多数回にわたって現金引出し役として行動してきたのであり、こうしたSの立場を考え併せると、9月の詐欺に係る「仕事」を引き受けた時点において、Zら一連の犯行を繰り返す共犯者らと詐欺についても共謀したものと認められる。

解 説

本件は、犯人が、共犯者らと共謀の上、銀行関係者になりすまして、高齢被害者に対し、キャッシュカードが不正に利用されるおそれがあり銀行協会職員に預ける必要があるなどとうそを言い、キャッシュカードを詐取した上、これらを用いて銀行ATMから現金を引き出して窃取した事案である。

本判決では、5月の詐欺の時点では、本件犯人は現金引出しという「仕事」を引き受けたばかりで、詐欺行為が行われるであろうことを未必的にせよ認識したとは認められないとして、詐欺の故意及び共謀を認めない（窃盗は認める）と判示している。

警察官へのなりすましと詐欺未遂

36

最高裁平成30年3月22日判決

> 根拠法条：刑法60条、246条1項、250条
> 参考文献：裁判所 web

|ポ|イ|ン|ト| 人を欺く行為と実行の着手

|事|案|概|要|

　長野市内に居住する戊（当時69歳）は、平成28年6月8日、甥になりすました氏名不詳者からの電話で、仕事の関係で現金を至急必要としている旨のうそを言われ、その旨誤信し、甥の勤務する会社の系列社員と称する者に現金100万円を交付した。

　戊は、翌日午前11時20分頃、警察官を名乗る氏名不詳者からの電話で「昨日、駅の所で、不審な男を捕まえたんですが、その犯人が被害者の名前を言っています。」「昨日、詐欺の被害に遭っていないですか。」「銀行に今すぐ行って全部下ろした方がいいですよ。」「前日の100万円を取り返すので協力してほしい。」などと言われ（1回目の電話）、午後1時頃、再び電話で「2時前には到着できるよう僕の方で態勢整えますので。」などと言われた（2回目の電話）。

　Lは、6月8日夜、氏名不詳者から長野市内へ行くよう指示を受け、翌日朝、詐取金の受取役であることを認識した上で移動し、午後1時過ぎ、氏名不詳者から戊宅住所を告げられ、「お婆ちゃんから金を受け取ってこい。」「29歳、刑事役って設定で金を取りに行ってくれ。」などと指示を受けた。Lはその指示に従って戊宅へ向かったが、到着前に警察官から職務質問を受けて逮捕された。

　Lは、詐欺未遂罪で起訴された。1審は、Lを有罪（懲役2年4月）とした。2審は、本件では詐欺罪にいう人を欺く行為（欺もう行為）は認められないとして、Lを無罪とした。検察官が上告した。

判|決|要|旨　原判決破棄・控訴棄却（第1審判決維持）

　本件における各文言は、預金を下ろして現金化する必要があるとのうそ（1回目の電話）、前日の詐欺の被害金を取り戻すためには警察に協力する必要があるとのうそ（1回目の電話）、これから間もなく警察官が戊宅を訪問するとのうそ（2回目の電話）を含むものである。これらのうそ（本件うそ）を述べた行為は、戊をして、本件うそが真実であると誤信させることによって、あらかじめ現金を戊宅に移動させた上で、後に戊宅を訪問して警察官を装って現金の交付を求める予定であったLに対して現金を交付させるための計画の一環として行われた。本件うその内容は、その犯行計画上、戊が現金を交付するか否かを判断する前提となるよう予定された事項に係る重要なものであったと認められる。

　そして、このように段階を踏んでうそを重ねながら現金を交付させるための犯行計画の下において述べられた本件うそには、預金口座から現金を下ろして戊宅に移動させることを求める趣旨の文言や、間もなく警察官が戊宅を訪問することを予告する文言といった、戊に現金の交付を求める行為に直接つながるうそが含まれている。既に100万円の詐欺被害に遭っていた戊に対し、本件うそを真実であると誤信させることは、戊において、間もなく戊宅を訪問しようとしていたLの求めに応じて即座に現金を交付してしまう危険性を著しく高めるものといえる。

　このような事実関係の下においては、本件うそを一連のものとして戊に対して述べた段階において、戊に現金の交付を求める文言を述べていないとしても、詐欺罪の実行の着手があったと認められる。

解|説

　詐欺罪の実行行為である「人を欺く行為」が認められるためには、財物等を交付させる目的で、交付の判断の基礎となる重要な事項について欺くことが必要である。詐欺未遂罪は、このような「人を欺く行為」に着手すれば成立するが、犯罪の実行行為自体ではなくとも実行行為に密接であって被害を生じさせる客観的な危険性が認められる行為に着手することによっても成立すると解される。

　本判決は、このような観点を踏まえて、特殊詐欺事案において警察官になりすまして現金の受取役を行おうとした犯人に詐欺未遂罪の成立を認めている。

37 空室利用の詐取金受領と詐欺の故意

最高裁平成30年12月11日判決

根拠法条：刑法60条、246条1項、250条
参考文献：裁判所 web

ポイント 特殊詐欺手口の多様性と詐欺の故意

事案概要

　Hは、平成27年9月頃、かつての同僚Kから、同人らが指示したマンションの空室に行き、そこで宅配便で届く荷物を部屋の住人を装って受け取り、別に指示した場所まで運ぶという「仕事」を依頼された。Hは、Kから、他に荷物を回収する者や警察がいないか見張りをする者がいること、報酬は1回10万円ないし15万円で逮捕される可能性があることを説明され、受取場所や空室の鍵のある場所、配達時間等は受取前日に伝えられた。

　Hは、10月半ばから約20回、埼玉県、千葉県、神奈川県及び東京都内のマンション空室に行き、マンションごとに異なる名宛人になりすまして荷物の箱を受け取ると、そのままカバンに入れ又は箱を開けて中の小さい箱を取り出して、指示された場所に置くか、毎回異なる回収役に手渡した。実際の報酬は1回1万円と交通費2、3,000円であった。

　Hは、詐欺、詐欺未遂等で起訴された。1審は、Hを有罪（懲役4年6月）とした。2審は、Hが自ら加担する犯罪行為に詐欺を含むかもしれないとの認識があったと判断した点等は、経験則等に照らして不合理であるなどとして、1審判決を破棄してHを無罪とした。検察官が上告した。

判決要旨 原判決破棄・控訴棄却（第1審判決維持）

　Hは、Kの指示を受けてマンションの空室に赴き、そこに配達される荷物を名宛人になりすまして受け取り、回収役に渡すなどしている。加えて、Hは、異なる場所で異なる名宛人になりすまして同様の受領行為を多数回繰り

返し、1回につき約1万円の報酬等を受け取っており、H自身、犯罪行為に加担していると認識していたことを自認している。

以上の事実は、荷物が詐欺を含む犯罪に基づき送付されたことを十分に想起させるものであり、本件の手口が報道等により広く社会に周知されている状況の有無にかかわらず、それ自体から、Hは自己の行為が詐欺に当たる可能性を認識していたことを強く推認される。

Hは、荷物の中身がけん銃や薬物だと思っていた旨供述するが、荷物の中身がけん銃や薬物であることを確認したわけでもなく、詐欺の可能性があるとの認識が排除されたことをうかがわせる事情は見当たらない。

このような事実関係の下においては、Hは、自己の行為が詐欺に当たるかもしれないと認識しながら荷物を受領したと認められ、詐欺の故意に欠けるところはなく、共犯者らとの共謀も認められる。

解説

本件犯人が加担した特殊詐欺は、高齢の被害者に対して、老人ホームの入居契約に名義を貸したとして、その問題解決のため立替金を交付する必要があり、後に返還されるからといって現金150万円を入れた荷物を宅配便で発送させる手口であった。

原判決は、現金を入れた荷物を宅配便で空室に送らせる方法は空室利用送付型詐欺で新しい手口であり、本件犯人は従来型の詐欺の手口しか認識はなかったなどとも判断していたが、他人になりすまして財物（荷物）を受け取るという行為は詐欺行為の一環として共通している、と本判決では判示している。

豆知識⑱　特殊詐欺

面識のない不特定の者に対し、電話等の通信手段を用いて、対面することなく相手方をだまし、銀行振込みをさせるなどして現金を交付させる詐欺。特殊詐欺には、振り込め詐欺（オレオレ詐欺、架空請求詐欺、融資保証金詐欺、還付金詐欺）とそれ以外の特殊詐欺（ギャンブル必勝情報提供名目、異性交際あっせん名目等）がある。

宅配ボックスでの荷物受領と詐欺

38

最高裁令和元年9月27日判決

根拠法条：刑法60条、246条1項、250条
参考文献：裁判所 web

ポ　イ　ン　ト　　荷物の受け子と詐欺の故意

事　案　概　要

　①Mらの詐欺グループは、架空の老人介護施設の入居権に関連する偽りの口実で現金をだまし取ろうと考え、平成28年10月下旬頃から11月21日頃までの間、複数回にわたり、千葉県内の甲方に電話をかけ、甲（当時71歳）に対し、ケアプランナー及び建設会社の職員を名乗り、名義貸し問題解決のため、現金350万円を東京都江東区内のマンションA宅に宅配便で送付する必要があるとうそを言い、甲にその旨誤信させた。甲は、2回にわたり、A宛に現金在中の荷物を宅配便で発送させた。Mは、マンションに設置された宅配ボックスから荷物を取り出して、現金合計350万円をだまし取った（詐欺既遂事件）。本件マンションでは、荷物名宛人の居住者が不在の場合、宅配業者は、荷物を宅配ボックスに入れ、暗証番号を設定して施錠した上、不在連絡票に暗証番号を記入して名宛人の郵便受けに投函し、名宛人はその暗証番号を用いて荷物を受け取る仕組みとなっていた。

　②Mらの詐欺グループは、同様の手口で、平成28年12月上旬頃から同月6日頃までの間、複数回にわたり、浜松市内の乙方に電話をかけ、乙（当時77歳）に対し、現金150万円を東京都北区内のマンションB宅に宅配便で送付する必要があるとうそを言い、乙にその旨誤信させた。乙は、警察に相談し、荷物に偽装紙幣を入れてB宛に宅配便で発送させた。Mは、マンションに設置された宅配ボックスから荷物を取り出して現金をだまし取ろうとしたが、その目的を遂げなかった（詐欺未遂事件）。

　Mは、詐欺、詐欺未遂で起訴された。1審は、Mを有罪（懲役4年8月）とした。2審は、①の詐欺既遂事件の時点ではMには詐欺の故意や共謀が認められないとして、①の事実については無罪と判断した。検察官が上告した。

判決要旨　原判決破棄・控訴棄却（第1審判決維持）

　Mは、依頼を受け、他人の郵便受けの投入口から不在連絡票を取り出すという著しく不自然な方法を用いて、宅配ボックスから荷物を取り出した上、これを回収役に引き渡しており、本件マンションの居住者が、わざわざ第三者であるMに対し、宅配ボックスから荷物を受け取ることを依頼し、しかも、オートロックの解錠方法や郵便受けの開け方等を教えるなどすることもなく、上記のような方法で荷物を受け取らせることは考え難いことも考慮すると、Mは、依頼者が本件マンションの居住者ではないにもかかわらず、居住者を名宛人として送付された荷物を受け取ろうとしていることを認識していたものと合理的に推認することができる。
　以上によれば、Mは、送り主は本件マンションに居住する名宛人が荷物を受け取るなどと誤信して荷物を送付したものであって、自己が受け取る荷物が詐欺に基づいて送付されたものである可能性を認識していたことも推認できる。

解説

　本件は、詐欺被害者が送付した荷物に関して、送付先マンションに設置された宅配ボックスから受け取るなどした犯人に、詐欺罪の故意及び共謀があったとされた事例である。
　なお、原判決は、以前から同じような取出しを繰り返していたとか、別のマンションでも同様の取出しをしていたなどの事実が加わらなければ、詐欺の故意に結び付く発想に至らないなどと判断し、無罪としていた。

39 自動改札機を悪用したキセル乗車
東京地裁平成24年6月25日判決

根拠法条：刑法246条の2
参考文献：判タ1384号

ポイント　電子計算機使用詐欺罪における「虚偽」の意義

事案概要

　P及びQは、東京都内から栃木県内までJR列車を利用して往復するに際し、区間の連続しない乗車券等を用いて大部分の運賃支払を免れるキセル乗車を行った。

　往路では、Pらは、それぞれ鶯谷駅又は上野駅で130円区間有効の乗車券（本件乗車券）を購入し、これを自動改札機に投入して入場し、列車に乗車した。その後、Pらは、栃木県内の宇都宮駅において、雀宮駅（宇都宮駅の東京方面隣駅）から岡本駅（宇都宮駅の福島方面隣駅）までを有効区間とする回数券（本件回数券）を自動改札機に投入し、出場した。

　復路では、Pらは、宇都宮駅において180円区間又は190円区間有効の乗車券を購入し、これを自動改札機に投入して入場し、列車に乗車した。その後、Pは渋谷駅において、Qは赤羽駅において、それぞれ往路に用いた本件乗車券を自動精算機に投入し、表示された不足運賃（30円から60円）を投入して精算券を入手し、これを各駅の自動改札機に投入して出場した。

　P及びQは、電子計算機使用詐欺罪で起訴された。公判において、弁護人は、本件で用いられた乗車券や回数券には不正な改変がなされておらず、「虚偽の電磁的記録」に該当しないなどと主張した。

判決要旨　有罪（P及びQは共に懲役1年・執行猶予3年）

　本件構成要件中の「虚偽」とは、電子計算機を使用する当該事務処理システムにおいて予定されている事務処理の目的に照らし、その内容が真実に反するものというと解する。

　往路についてみると、本件回数券は真正に発券されたものであり、エンコード（人間が理解できる文字等のアナログ情報をコンピュータが認識できるデジタル情報に転換すること）された情報に誤りは一切なく、入場情報のエンコードがないまま自動改札機に投入された。宇都宮駅の自動改札機は、本件回数券の有効区間に含まれる岡本駅が自動改札機未設置駅であることから、入場情報がなくても出場を許している。しかしながら、このことは宇都宮駅の自動改札機が読み取りの対象としないとか、入場情報の判定が事務処理の目的になっていないということを意味するものではない。例外的に、回数券の有効区間内に自動改札機未設置駅がある場合に限り、同駅から乗車した旅客の利便性等を考慮し、入場情報がなくとも出場を許しているにすぎない。

　自動改札システムの目的、機能等に照らし、入場情報がない本件回数券を宇都宮駅の自動改札機に投入する行為の意味をみると、実質的には、宇都宮駅の自動改札機に対し、本件回数券を持った旅客が有効区間内の自動改札機未設置駅から入場したとの入場情報を読み取らせるものであって、この入場情報はＰらの実際の乗車駅である鶯谷駅又は上野駅と異なるのであるから、本件回数券の電磁的記録は自動改札機の事務処理システムにおける事務処理の目的に照らし、虚偽のものである。

　復路についてみると、本件乗車券は発駅を鶯谷駅又は上野駅とし、これらの駅で入場したとの入場情報がエンコードされたものであって、復路の赤羽駅又は渋谷駅の自動精算機に投入される場面において、自動精算機の事務処理システムにおける事務処理の目的に照らし、Ｐらの実際の乗車駅である宇都宮駅と異なる虚偽のものである。

[解|説]

　電子計算機使用詐欺罪は、電子計算機に向けて虚偽の電磁的記録をその事務処理の用に供して不正な事務処理を行わせようとする行為を捕捉するものである。本罪の「虚偽」については、不正な作出、改変に限られないと解される。

　電磁的記録は、記録それ自体の情報に加え、システムが前提とする一定の意味付け等を踏まえて事務処理の用に供されている。したがって、前提となる事柄の真実性も事務処理システムの適正な運用のため必要である。

　本判決は、自動改札機等を用いたキセル乗車の事案について、電子計算機使用詐欺罪の適用を認めたものである。

医療費の還付金詐欺

40

神戸地裁平成29年9月21日判決

> 根拠法条：刑法60条、246条の2、250条
> 参考文献：WJ

ポ イ ン ト　**還付金詐欺の首謀者**

事 案 概 要

　Kは、平成25年夏頃、Dに対し、還付金詐欺のかけ子の取りまとめ役である「店長」として稼働することを指示した。Dは、その頃から、店長として、アジトにおいて他のかけ子と共に還付金詐欺を実行するようになった。Kは、詐欺のための道具（名簿や携帯電話、キャッシュカードなど）を手配し、Dと連絡を取り合って、その日の売上げ（詐取金の額）について報告を受けるなどしていた。

　Kは、同じ頃、E及びFに対し、還付金詐欺の話を持ち掛け、Eらも関与するようになった。Eは、かけ子の勧誘、アジトの視察、詐取金の回収等を行い、Fは、道具や詐取金の運搬、アジトの賃料支払などを行い、いずれもKから報酬を受け取っていた。

　Kらは、共謀の上、社会保険事務局職員等になりすまし、相手方に医療費の還付金を受領できる旨誤信させた上、ATM（現金自動預払機）の操作を指示し、振込送金の操作と気付かせないままKらの管理口座に振込送金させ、財産上不法の利益を得ようと考えた。そして、多くの被害者に、ATMにキャッシュカードを挿入させて誤った操作を行わせ、不実の電磁的記録を作成させ、電子計算機に虚偽の情報を与えさせた。

　Kは、電子計算機使用詐欺、同未遂で起訴された。

判 決 要 旨　**有罪（懲役12年、追徴金約896万円）**

　本件犯行の手口は、高齢者を狙って電話を掛け、医療費の還付金を受領できるなどとうそを言ってATMを操作させ、それと気付かないままにKらが

準備しておいた預貯金口座に現金を振り込ませるという極めて巧妙なものである。

　その犯行には多数の者らが関与し、全体の統括役の下、高齢者に電話を掛ける役、振り込ませた現金を引き出す役、その運搬又は保管役、連絡役など、それぞれ重要な役割を分担して本件犯行に及んでいる。その態様は、組織性が高く、常習かつ職業的であって、甚だ悪質というほかない。

　犯行は相当期間にわたって大規模に行われ、詐欺の件数は35件、被害者の数は合計38名、既遂となった被害額は合計3,430万円余りに上っている。

解説

　本件犯人は、氏名不詳者らと共謀の上、被害者に対し、電話を介して、社会保険事務局職員や市役所職員等と偽って、その指示に従えば医療費の還付金を受けられるものと誤信させ、ＡＴＭの操作を指示し、犯人らが管理する銀行口座等に振込送金した旨の虚偽の情報を与えた電子計算機使用詐欺等の事案である。

　本件犯人は、医療費名目の還付金詐欺のスキームを作り上げ、詐欺グループ構成員らに指示を与え、共犯者らの報酬を決定し、その残金を領得していた。したがって、本件詐欺の首謀者であり、最も重い刑事責任を負うべきであると判示された。

豆知識⑲　キセル乗車

　電車等の交通機関の不正利用行為。ＡＢ間及びＣＤ間の乗車券で、ＡからＤまで乗車し、ＢＣ間の料金を免れる行為。

経理担当者の会社資金不正流用

41

大阪地裁平成29年10月19日判決

> 根拠法条：刑法246条の2
> 参考文献：ＷＪ

| ポ | イ | ン | ト | 　私的利益を図った巨額の振込送金

| 事 | 案 | 概 | 要 |

　Ｙは、鉄鋼の加工販売等を目的とするＪ社総務課係長として経理事務に従事していた。Ｙは、Ｊ社がＣ銀行と締結しているエレクトロニック・バンキング（ＥＢ）サービスを利用し、Ｊ社名義の当座預金口座からＩ銀行に開設されたＹ名義の普通預金口座に振込送金をして財産上不法の利益を得ようと考えた。

　Ｙは、平成28年3月22日頃から4月15日頃までの間、4回にわたり、Ｊ社事務所においてパーソナルコンピュータを操作し、Ｃ銀行のシステムセンターに設置された預金管理等の事務処理に使用する電子計算機に対し、実際には振込入金の原因となる取引やそれに基づく指示がないにもかかわらず、Ｊ社名義の当座預金口座からＹ名義の普通預金口座に合計1億5,000万円の振込入金を行うという虚偽の情報を与えた。

　その結果、全国銀行データ通信センターの電子計算機を介して、3月23日から5月2日までの間、4回にわたり、Ｙ名義の普通預金口座の残高を合計1億5,000万円増加させるという不実の電磁的記録をつくり、財産上不法の利益を得た。

　Ｙは、電子計算機使用詐欺で起訴された。

| 判 | 決 | 要 | 旨 |　　有罪（懲役2年6月）

> 　Ｊ社は、Ｃ銀行とＥＢサービス契約を締結し、同契約に基づいて取引先への支払や従業員の給与の振込を行っていた。このＥＢサービスを利用して、平成28年3月23日から5月2日までの間に、前後4回にわたり、Ｊ社名義の

口座から I 銀行のY名義の口座に合計 1 億5,000万円が振り込まれている。この４回の振込のほか、さらに1,000万円をYの口座に振り込むことを内容とするデータが作成されている。上記振込に係る①振込内容確認一覧表、②通信内容確認票、③伝送内容連絡票、④振込明細書が、Y方の捜索の際に発見、押収され、又は、Yの弁護人が警察署に任意提出している。

　本件の被害金額は 1 億5,000万円と極めて多額であり、Yの犯行によってJ社の資金が一時的にショートするなど、被害結果は重大である。Yは、経理事務を任せられている立場を悪用して犯行に及んでおり、会社の信頼を裏切る悪質な犯行であり、犯行を糊塗するために覚書等を作成するなど計画性も認められる。

　犯行自体はさほど巧妙なものではなく、すぐに発覚しており、財産的被害についてもほぼ回復される見込みであることを考慮しても、その刑事責任は相応に重い。

解 説

　本件は、会社総務課で経理事務に従事していた犯人が、会社名義の預金口座の管理等の事務処理に使用する電子計算機に対し、会社名義の預金口座から自己名義の預金口座に振込送金するという虚偽の情報を与えるなどして不実の電磁的記録を送り、財産上不法の利益を得た電子計算機使用詐欺の事案である。

　本件被害会社では、エレクトロニック・バンキング（ＥＢ）サービス契約に基づき所要のデータ送信を行う場合には、振込内容確認一覧表等の文書を作成して責任者の決済印をもらうなどの内部管理手続を定めていたが、犯人はそれを無視していた。

豆知識⑳　２項詐欺

　詐欺の相手方から財産上不法の利益を得、又は他人に得させた詐欺利得罪（刑法246条２項）のこと。２項詐欺の成立には、錯誤に陥った者が債務免除などの意思表示（処分行為）を行い、欺もう者が債務弁済を免れるようなつながりが必要とされる。

42 震災孤児後見人の横領

仙台地裁平成29年2月2日判決

根拠法条：刑法235条、246条1項、253条
参考文献：裁判所web

ポイント　孤児となった親族の預金横領

事案概要

　Rは、平成23年5月16日、甥Oの未成年後見人に選任され、財産管理等の業務に従事していた。Rは、D銀行O名義預金口座の預金を業務上預かり保管中、同年8月23日から26日までの間、ほしいままに自己の用途に充てる目的で、8回にわたり現金合計400万円を払い戻して横領した（業務上横領）。

　また、Rは、E銀行O名義預金口座の預金を業務上預かり保管中、平成26年4月25日から11月5日までの間、13回にわたり現金合計1,789万円余を自らの銀行口座に振込送金し、4回にわたり払い戻した現金合計400万円を自らの銀行口座に入金して横領した（業務上横領）。

　Rは、同様な手口を用いて、Oのため業務上預かり保管中の現金合計4,095万円余を自らの銀行口座等に振込送金するなどして横領した（業務上横領）。

　Rは、上記に先立ち、実姉Wが東日本大震災の津波により平成23年3月11日頃死亡しているにもかかわらず、Wが病院入院中で代理人として生活費や治療費等のため預金通帳の再発行を求める旨うそを言って、D銀行からW名義預金通帳の交付を受け、その後W名義キャッシュカードを不正入手した。Rは、これらを用いて現金122万円余を不正に入手した（詐欺及び窃盗）。

　Rは、業務上横領、詐欺、窃盗で起訴された。

判決要旨　有罪（懲役6年）

　横領に係る預金や現金の中では、東日本大震災で両親を亡くした甥の生活のために充てられるべき両親の死亡共済金や震災義援金に加えて、篤志家か

らの寄付金等が大半を占めていた。

　未成年後見人は、被後見人のためにその財産を誠実に管理するべきことが公的に義務付けられているのに、Rは、その職責をわきまえず、選任された当初から被後見人の一部預金口座や死亡共済金の存在を明らかにせず、家庭裁判所が被後見人の財産を正確に把握していない状況の下、自己の意のままに長期間にわたり横領行為を繰り返して、店の開業資金や高級車の購入に充てるなどし、その傍らで家庭裁判所に虚偽の報告をしていたのである。被害金額はこの種事案の中でもかなり高額なもので、犯情は悪質である。加えて、詐欺や窃盗により、甥の母親の財産を奪っている点でも悪質である。

　本件により、後見人選任時には9歳であった甥の将来のための資金が失われており、将来にわたって甥の人生に多大な悪影響を与えるとともに、大きな精神的ショックをも与えかねないものであり、結果は重大である。各犯行は、震災により死亡した姉夫婦の死を機にその預金や死亡共済金の存在を知り、震災時の混乱にも乗じて火事場泥棒的に行われた点も看過できない。

解説

　本件は、①東日本大震災で両親を亡くした甥の未成年後見人に選任された犯人が、3年以上にわたり甥に属する合計6,685万円余の預金や現金を横領したほか、②甥の母親である実姉が死亡しているのに、入院していると偽り、その預金通帳の再発行手続を行って通帳を詐取したほか、100万円を窃取するとともに22万円余を詐取したという、業務上横領、詐欺、窃盗の事案である。

豆知識㉑　実況見分

　捜査機関が任意捜査として関係人の承諾を得て犯罪現場等の状況を認識し確認すること。その結果を記載した実況見分調書は、刑事裁判の証拠となり得る。

43 架空請求と背任行為

名古屋地裁平成30年9月26日判決

根拠法条：刑法60条、247条
参考文献：裁判所 web

ポイント　会社資金を食い物にする犯罪行為

事案概要

　Sは、配管材料販売等を目的とする乙社代表取締役として、その業務全般を統括していた。Qは、酸素、窒素製造等を目的とする甲社営業部部長として、営業部が取り扱うメンテナンス関連業務等に関する下請業者への業務発注及び代金支払等を統括していた。Qは、業務発注等に際しては、甲社のために誠実にその業務を遂行し、甲社が損害を被ることがないようにすべき任務を有していた。

　Sは、Qと共謀の上、架空取引を作出して甲社から乙社にその作業代金を支払わせようと考え、受注もせず実施もしていない継手・シール類や配管材料類等の作業を実施した旨の内容虚偽の乙社作成名義の請求書や納品書を甲社に提出した。その後、甲社では、Qが請求書等に検収印を押印して、各作業が実施されており正当な請求であると誤認させ、作業代金の支払を決定させて、その代金を乙社の銀行口座に振込入金させた。

　Sは、背任で起訴された。

判決要旨　有罪（懲役1年6月・執行猶予3年）

　Sは、平成21年から26年2月までにかけて、Qの接待費の支援等の名目で供与した現金の2倍又は2.5倍の金額を代金額として、Qを通じて甲社に対する架空請求を行い、甲社からその代金を受領していた。このような架空請求により、SがQに供与した金額の倍額以上の金銭の支払を甲社が乙社に対して行えば、甲社に損害が発生することになり、これらの架空請求等に経済的合理性がないことは明らかである。

　しかも、Sは、Qからの求めに応じた現金を用意できないときを除き、長期間にわたってQの指示に基づいて自ら架空の請求書等を作成して多額の架空請求を繰り返して支払を受けていたのであるから、甲社の損害が拡大していることに気付いていたはずである。そうすると、乙社の代表取締役として自らも会社を経営するSは、甲社がこれらの請求が架空請求であることを認識せずにその代金を支払っている可能性があることに思い至ったはずである。

　加えて、Sは、Qの依頼に応じて、Vについての虚偽の在職証明を作成するとともに、相当期間にわたってVのアルバイト代名目で月額8万円をQに供与する一方、その見返りとして月額20万円を甲社に対して架空請求し、その支払も受けていた。Sは、甲社について「年商何千億の会社」と述べているが、そのような会社が飲食店従業員の女性について虚偽の在職証明を得る便宜を図ったり、勤務実態のないアルバイト代を支払うために、それ以上の金額を取引先に支払ったりするとは考え難い。したがって、Sは、Vのアルバイト代名目でQに供与した現金に関する架空請求等についても、甲社がこれを認識せずに支払っていることに思い至ったはずである。

　そうすると、Sは、これらの架空請求を繰り返して甲社から代金の支払を受けるうちに、これらの架空発注を持ち掛けるQの行為が甲社に無用の損害を与え、その任務に違背する行為であることを認識していたものと強く推認される。

解説

　本件犯人は下請会社社長であったが、被害会社幹部に誘われて架空請求を行い、その者が支払決済等を行って被害会社に支払をさせ、合計450万円を上回る損害を与えていた。

　架空請求で受け取った資金は下請会社の運転資金に用いられていたが、それは自らの利益を図る目的であったと判示された。

架空出張による政務調査費詐取

44

神戸地裁平成28年7月6日判決

> 根拠法条：刑法155条1項、156条、158条1項、246条2項
> 参考文献：裁判所web

ポイント　議員政務調査費の不正取得

事案概要

　Tは、兵庫県議会議員として、議員の調査研究に資するために必要な経費に充てるべき政務調査費（平成25年度分からは政務活動費）として、年度末時点の残余の返還を条件に、議員分及び所属会派分を併せて、平成23年度分484万円、24年度分600万円、25年度分600万円の交付を受けていた。

　Tは、各年度とも政務調査費等の支出に該当しないものを含めて計上し、残余は存在しない旨の内容虚偽の記載をした収支報告書等を作成し、提出することにより、返還を免れようと考えた。

　Tは、平成23年6月17日から12月21日までの間、57回にわたり、県の事務及び地方行財政に関する調査のため、西宮市と東京都、石川県、福岡県、三重県、愛知県、神奈川県又は広島県との間の交通費として、その都度6,540円ないし3万700円を支出した旨の支払証明書を作成し、収支報告書に添付して提出した。

　Tは、同様に、平成24年4月3日から翌年3月29日までの間、92回にわたり、西宮市と東京都、名古屋市又は福岡県との間の交通費として、その都度1万8,450円ないし4万1,880円を支出した旨の支払証明書を作成し、収支報告書に添付して提出した。

　Tは、同様の方法で架空出張の支払証明書を作成したり、葉書・切手代として架空のレシートを作成したりするなどして、収支報告書を提出した。

　Tは、虚偽有印公文書作成・同行使、詐欺で起訴された。Tは、公判においても、上記出張について、調査内容のみならず、出張をしたかどうか自体についても、「覚えていません。」などと不自然な供述に終始していた。

判|決|要|旨　有罪（懲役 3 年・執行猶予 4 年）

　　Tは、県民に選ばれた県議会議員としての信頼に基づき、その責務を果た
すために多額の政務調査費・政務活動費を交付されていたのに、金銭欲から
その信頼を裏切って本件犯行に及んでいることからすると、本件犯行は県民
に対する高い背信性を有するものといえる。
　　また、Tは、3 年度分にわたり同様の犯行に及んでいる上、膨大な数の架
空支出や虚偽支出を計上するとともに、改ざんしたレシート等を添付資料に
使用したり、県議会事務局職員から使途を具体的に明らかにするよう指摘を
受けた後も、出張先を県外から県内に変えて架空出張費用の計上を続けたり
しており、犯行態様は悪質といわざるを得ない。
　　虚偽報告によって返還を免れた政務調査費等の総額は913万円余りと多額
である上、県議会議員や政務調査費等の制度に対する一般の信頼を損ねたこ
とをも考え併せると、Tの刑事責任は重いといえる。

解|説

　本件は、兵庫県議会議員であった犯人が、平成23年度ないし25年度に交付され
た政務調査費等について、虚偽支出を計上した収支報告書を作成・提出し、虚偽
支出分の返還を免れたという事案である。
　なお、本件犯人は、平成23年度ないし25年度に交付された政務調査費等の全額
に平成26年度分の政務活動費の一部を加えた合計1,834万円と、その利息約90万
円を返納し、本件犯行の財産的被害は全部回復されたものと認められている。

豆知識㉒　　証拠裁判主義
　刑事裁判は、客観性をもった証拠による事実認定を基礎として行わなければならな
いとする主義（刑訴法317条）。近代国家における裁判原理の一つである。

カラーコピー機使用の紙幣偽造

鹿児島地裁平成29年12月8日判決

> 根拠法条：刑法148条1項、2項
> 参考文献：WJ

ポイント　遊興資金獲得のための紙幣偽造

事案概要

　Fは、平成29年4月上旬、鹿児島県内の事務所2階において、行使の目的で、カラーコピー機能を有するプリンターを用いて、真正な金額1万円の日本銀行券の表面及び裏面を白紙の表裏に複写し、これを裁断するなどし、もって通用する金額1万円の日本銀行券1枚を偽造した。また、Fは、同様な方法で、通用する金額5,000円の日本銀行券5枚を偽造した。

　さらに、Fは、4月17日午後8時16分頃から午後9時27分頃までの間、5回にわたり、鹿児島市内の商店等において、商品購入代金の支払として、偽造された金額5,000円の日本銀行券5枚を真正なもののように装って行使した。

　Fは、通貨偽造・同行使で起訴された。

判決要旨　有罪（懲役3年・執行猶予4年）

　Fが偽造した紙幣は、合計6枚、金額にして合計3万5,000円であって、その数及び額自体は同種の事案の中では少ない。また、偽造の方法も、一般的なプリンター及び用紙等を使用した誰もができる簡単な方法であり、模倣しやすいという面では社会的影響があることに留意する必要はあるが、カラーコピーをする際にビニールテープを用いるなどして表裏の位置を合わせたり、濃度を調整したりするなどFなりの工夫をしているものの、特別に悪質性が高い手口とはいえない。

　もっとも、Fが偽造した紙幣は、精巧とまではいえないが通貨の信用を害するには十分な外観を有しており、Fは、偽造した5千円札を真正な通貨の

ように装って実際に店舗で行使し、店員に見破られずに釣銭を取得している。このうちの１枚が、行使した店舗から他の客に釣銭として渡され流通しており、通貨に対する社会的信用が現実に害されている。

　また、Ｆは、処分予定の服装で自宅兼事務所から離れた場所に向かい、防犯カメラに映らないような店舗や駐車場を選ぼうとするなど発覚を防止するために一応の計画をもって臨み、短時間のうちに手当たり次第に犯行に及んでおり、行使の態様も相当に悪質である。

解|説

　本件は、１万円札１枚、５千円札５枚を偽造し、その偽造した５千円札５枚を行使した通貨偽造、同行使の事案である。

　犯人の動機は、パチンコや競艇などのギャンブルにのめりこんで、消費者金融等から借金をするようになって、その返済にも困るようになり、偽造紙幣によって借金の返済資金とギャンブル資金に充てようとしたものであった。

豆知識㉓　証拠能力

　証拠として公判廷で取調べをすることができる適格。証拠が証拠能力を有するためには、証拠としての収集が適法であり、適法な取調手続を経ていなければならない。

豆知識㉔　証明力

　証拠資料の証明の対象となった事実認定に役立つ程度。証明力の判断は、裁判官の自由な判断に委ねられ、経験則に従って合理的に証明力の大小を判断する（自由心証主義・刑訴法318条）。

新幹線工事をめぐる入札談合

東京地裁平成26年11月12日判決

> 根拠法条：刑法60条、独占禁止法95条1項、89条1項、3条
> 参考文献：裁判所 web

ポイント　入札談合による適正な競争阻害

事案概要

　北陸新幹線では、従来の雪害対策である消雪設備（軌道上のスプリンクラーから温水を放水して降雪を融解するための設備）に加え、新たに軌道脇に設置し加温した不凍液を循環させる融雪パネル上に軌道上の雪をラッセル車等で除雪し融雪するための設備も設置されることとなり、融雪基地機械設備工事等が行われることになった。

　M社、A社、B社は、冷暖房等に関する設備工事請負業等を営む事業者である。Nは、平成24年4月までM社東京本店長補佐の職にあり、独立行政法人鉄道運輸機構が発注する北陸新幹線融雪基地機械設備工事の受注等に関する業務に従事していた。

　Nは、A社、B社等の同様の業務に従事していた従業者らと共謀の上、平成23年9月中旬頃から翌年11月頃までの間、飲食店等において面談等の方法により、鉄道運輸機構が条件付一般競争入札により順次発注する前記工事について、受注予定事業者を決定するなどの合意をした。

　M社及びNは、独占禁止法違反で起訴された。

判決要旨　有罪（M社は罰金1億6,000万円、Nは懲役1年6月・執行猶予3年）

　管工事業界では、長年にわたり各事業者の担当従業者による談合が行われていたところ、平成18年に防衛施設庁の談合事件が発覚し、関与した事業者及び従業者が刑事処分や捜査を受けたため、各事業者の担当従業者が集まっ

ての談合等を控えていたが、個別の事業者間の折衝を通じて、前施工業者の優先等の様々な慣行に基づき、入札の受注業者をあらかじめ調整することが続けられていた。

　そのような背景のもと、本件では、M社とA社、B社の幹事社３社の担当従業者が、条件付指名競争入札に応じる可能性があると思われる８社の担当従業者から受注希望を聴取し、受注順序に関する事務局案を作成した上で、M社等11社の担当従業者が一堂に会して、この事務局案を前提に協議し、受注本命業者の順序等について基本合意を形成し、その後、相互に連絡を取り合い、受注本命業者が落札できるような入札価格で入札を行うなどの形で基本合意が遂行された。

　その態様は、過去の談合事件に対する反省を無視した大胆で悪質なものであった。また、この経緯からは、M社及びNを含む管工事業界における公正で自由な競争に関する意識の低さが明らかであって、強い非難に値する。

　本件談合の結果、M社は97.1パーセントもの高い落札率で工事を受注し不正な利益を得ているのであり、この点も軽視できない。

解説

　本件は、管工事業を営む会社従業員が、鉄道運輸機構が発注する北陸新幹線の融雪基地機械設備工事等について事前に受注予定業者を決め、その業者が受注できるよう協力する旨の入札談合を行って、一連の工事受注に係る取引分野における競争を実質的に制限したという独占禁止法違反の事案である。

　本件融雪基地機械設備工事等は、談合による落札額が合計174億円余りに上る大規模公共工事である上、新幹線に初めて融雪パネルを用いた新技術を採用するもので、冷暖房や空調、給排水設備工事等の関連工事を手掛ける管工事業界の事業者が強い関心を示すものであった。結果として、管工事業界の年間工事高の上位を占める大手事業者の多くが参加して入札談合が行われたのであり、その社会経済に対する影響は大きかった。

入札業者への設計金額教示

神戸地裁令和元年6月19日判決

根拠法条：刑法60条、96条の6第1項、官製談合防止法8条
参考文献：裁判所 web

ポイント　公共工事最低制限価格の高い精度での推知

事案概要

　Zは、D市土木局副主査として、道路の新設改良工事及び公共施設の土木工事の設計、施工管理、竣工検査等の職務に従事していた。Jは、土木工事業等を営むT社の技術管理部長として、同社が入札参加予定の工事に係る積算業務等に従事していた。

　Zは、平成29年5月にD市が入札を執行した道路改良工事の一般競争入札に関して、適正に入札等に関する職務を行う義務があるのに、その職務に反し、スナックにおいて、Jに対し、入札における秘密事項である本件工事設計金額（税込み）が8,160万9,120円であることを教示した。

　Jは、教示された設計金額から最低制限価格に近接した金額として算出した6,686万5,000円で本件工事に入札して、T社が工事を落札した。ちなみに、実際の最低制限価格は6,685万6,200円であった。

　また、Zは、同様の手口で、平成30年8月にD市が入札を執行した法面補強工事の一般競争入札に関して、携帯電話のショートメッセージサービスを利用して、Jに対し、本件工事設計金額（税込み）が4,968万8,640円で、伐採工の単価（税抜き）が7,755円である旨教示した。

　Jは、教示された金額から最低制限価格に近接した金額として算出した4,073万9,800円で本件工事に入札して、T社が工事を落札した。ちなみに、実際の最低制限価格は4,073万9,600円であった。

　Zは、官製談合防止法違反、公契約関係競売入札妨害で起訴された。

判決要旨　有罪（懲役1年6月・執行猶予3年）

　工事の設計等に携わっていたZが設計金額等を漏えいしたことにより、T社は最低制限価格を高い精度で推知し、同価格に極めて近接した価額で2件の公共工事を落札したものであって、本件犯行は、Zの著しい任務違背により入札の公正を大きく損なった悪質なものである。

　Zは、T社が工事を行えば作業が円滑に進み、税金の無駄も減ると考える一方、T社との良好な関係を築くことで自分の仕事も楽になり、職場の評価も上がるなどと考え、本件犯行に及んだというのであって、適正に職務を行う義務がある公務員の立場をないがしろにする身勝手な動機というほかなく、酌量の余地に乏しい。もっとも、本件各犯行はZが飲食接待を受けるなどして業者と癒着する中で行われたものではあるが、そうした利益を得る目的でなされたものとまではいえない。

解説

　本件は、市土木局職員である犯人が、懇意となった建設会社の技術管理部長に対し、2回にわたって土木工事入札に関する秘密事項である設計金額等を教示し、同社に工事を落札させたという、官製談合防止法違反、公契約関係競売入札妨害の事案である。

豆知識㉕　取調べ受忍義務

　逮捕・勾留され身体の拘束を受けている被疑者について、取調べのため出頭し滞留する義務があると考えられている（最高裁平成11年3月24日判決）。

市長による職員不正採用

48

東京地裁平成29年12月26日判決

根拠法条：刑法60条、155条、158条、197条1項、地方公務員法15条、61
　　　　　条2号
参考文献：裁判所 web

ポイント　**試験結果改ざんによる情実採用**

事案概要

　Sは、平成26年2月から29年8月までの間、甲市長として市職員を任用する権
限を有し、その採用等の事務を統括掌理する職務に従事していた。

　Sは、甲市総務課人事給与担当課長補佐らと共謀して、平成26年度甲市職員採
用資格試験（上級事務）の合格者を決定するに当たり、平成26年10月、市役所総
務課において、真実は、受験者Aの第一次試験の点数等について、教養科目の標
準偏差が28、その粗点が12、専門科目の標準偏差が44、その粗点が15、順位が46
であったのに、パソコン等を用いて、「平成26年職員採用試験1次試験結果（上
級事務）」と題する一覧表のAの点数等の記載欄に、教養科目の標準偏差が48、
その粗点が20、専門科目の標準偏差が46、その粗点が16、順位が34等と虚偽記載
をさせ、これを職員採用試験結果文書として備え付けさせた。Sは、平成27年4
月、Aを市職員に任命し、能力の実証に基づかないで職員の任用をした。

　Sは、同様の手口を用いて、平成27年度甲市職員採用資格試験（上級事務）の
合格者を決定するに当たり、受験者B及びCの第一次試験の点数等について、粗
点や標準偏差等を上乗せし、順位を繰り上げる虚偽記載をさせ、職員採用試験結
果文書として備え付けさせた。Sは、平成28年4月、B及びCを市職員に任命し
た。

　Sは、同様の手口を用いて、平成28年度甲市職員採用資格試験（上級事務）の
合格者を決定するに当たり、受験者Dの第一次試験の点数等について、粗点や標
準偏差等を上乗せし、順位を繰り上げる虚偽記載をさせ、職員採用試験結果文書
として備え付けさせた。Sは、平成29年4月、Dを市職員に任命した。

　さらに、Sは、平成29年2月、平成28年度甲市職員採用資格試験（上級事務）
に補欠合格したEの実父等から、Eを市職員として採用されたい旨の請託を受け

てこれを承諾し、その謝礼として現金80万円の供与を受けた。

　Sは、虚偽有印公文書作成・同行使、受託収賄、地方公務員法違反で起訴された。

判決要旨　有罪（懲役3年・執行猶予5年、追徴金80万円）

　Sは、市長として、率先垂範して廉潔・公正に市の行政を執行し、職員を指導・監督すべき立場にあった。それにもかかわらず、Sは、特定の受験者について職員への採用を依頼され、市長就任の年から3年間にわたり連続して、部下職員に採用試験の結果を改ざんするよう指示して内容虚偽の公文書を作成行使させるなど、合計4名を不正に採用している。

　本件犯行は、公平・公正さが強く求められる職員採用試験に関する公文書及び地方公務員の任用制度に対する信頼を著しく低下させるのみならず、情実採用を否定し、客観的な能力の実証によって採用しなければならないとする地方公務員法の趣旨を大きく損なうものである。

　また、Sは、補欠合格者の早期採用を依頼されて80万円と少なくない賄賂を収受しており、公務の清廉性を汚し、市民の信頼を裏切っている。

解説

　本件は、公正であるべき市長が特定の受験者の採用試験結果を改ざんして市職員として不正採用するとともに、補欠合格者の早期採用を依頼されて賄賂を収受した事案である。

　本件犯行の動機は、自らの支援者の恩義に報いて便宜を図ろうとしたという自己本位の考え方に基づくものであった。

政治団体収支報告書の虚偽記入

東京地裁平成27年10月9日判決

根拠法条：刑法60条、政治資金規正法12条1項、25条1項
参考文献：判タ1436号

ポイント　報告書と実態の帳尻合わせのための虚偽記入

事案概要

　Uは、乙衆議院議員の関連政治団体の事務全般を統括しており、Wは乙議員の資金管理団体であるJ会の会計責任者であった。

　U及びWは、政治資金規正法により選挙管理委員会を経由して総務大臣に提出すべきJ会の収支報告書について、真実は、J会の平成21年分の支出に関し、乙議員の関係政治団体であるO会に対して1,300万円、K会に対して1,000万円の各寄付金を支出していないにもかかわらず、J会の収支報告書にこれらを支出した旨の虚偽の記入をして、平成22年5月31日、選挙管理委員会を経由して総務大臣に提出した。

　Uらは、同様の手口で、関連政治団体の収支報告書に虚偽の記入を行って、選挙管理委員会を経由して総務大臣に提出した。

　U及びWは、政治資金規正法違反で起訴された。

判決要旨　有罪（Uは禁錮2年・執行猶予3年、Wは禁錮1年・執行猶予3年）（確定）

　本件犯行のうち架空寄付の収支の虚偽記入については、期間にして4年分、総額1億1,200万円と多額なものであり、J会主催の女性部大会の収支の虚偽記入・不記載については、期間にして5年分、総額2億円余りに上る。内容虚偽の収支報告書は、4つの政治団体について合計15通と多数であって、以上のみをもっても、本件犯行は政治活動に対する国民の不断の監視と批判の機会を蔑ろにする悪質な犯行である。

　　各犯行の背景には、政治資金の収支をそのとおり収支報告書に記載しない実態を半ば当然視し、違法な手段によってでも政治資金の収受について国民の疑惑を回避できればよいとする、法の目的とは正反対のＵらの姿勢が垣間見える。Ｕら両名が、これまで長きにわたり国会議員の秘書として政治の世界に身を置き、各政治団体において相応に重要な地位を占め、政治活動の公明と公正の確保を最大限尊重すべき立場にあることも考え併せると、本件犯行は厳しい非難に値する。

解説

　政治資金規正法は、政治団体等により行われる政治活動が国民の不断の監視と批判の下に行われるようにするため、政治団体にかかる政治資金の収支の公開等の措置を講ずることにより、政治活動の公明と公正を確保し、もって民主政治の健全な発達に寄与することを目的としている。したがって、政治団体の収支報告書を適正に作成・提出することは、政治資金収支の公開制度の中核であって極めて重要である。

　本件は、衆議院議員の関連政治団体の事務全般の統括者が、それら政治団体の２年分ないし５年分の収支報告書に虚偽記入や記載すべき事項の不記載を行い、資金管理団体の会計責任者が、その団体の３年分の収支報告書の虚偽記入に加担したという政治資金規正法違反の事案であった。

　本件において、弁護人は、架空寄付収支の虚偽記入については、過去における収支報告書上の繰越預金残高と実際の預金残高との多額のかい離を解消する目的で行われた旨主張した。しかし、本判決では、かい離の生じた過程を明らかにせずに行うことは単なる帳尻合わせであって法の目的にかなうものではなく、違法性を減じるものではないと判示された。

都知事選挙での現金供与

東京地裁平成29年7月24日判決

根拠法条：刑法60条、公職選挙法221条
参考文献：裁判所 web

ポイント　選挙運動員に対する報酬目的の現金供与

事案概要

　Aは、平成26年2月執行の東京都知事選挙への立候補を決意した。Kは、以前国会議員秘書をしていたが、Aの選挙対策本部事務局長に就任した。本件選挙に要する資金は、Aの支持者からの寄付金で賄うことになり、合計1億円以上の寄付金がAの関係政治団体の口座に集められ、選挙経費を支払っても数千万円の余剰金が出る見込みとなった。2月9日、本件選挙の投開票が行われ、Aは約61万票を獲得したが、落選した。

　Aの出納責任者Bは、選挙前に選挙運動事務員等届出書を提出していたが、その文書には車上運動員の女性6名しか記載されていなかった。Bは選挙後、選挙運動費用収支報告書を提出したが、その人件費項目にはうぐいす嬢5名に対する車上運動員報酬の記載しかなかった。

　選挙終了後、Kは、余剰金を原資として本件選挙対策本部メンバーらに対して報酬を支払うことを計画し、Bにメンバーの名前とそれぞれの報酬額を記載したメモを渡した。このメモをもとに、BらはAと相談し、メンバーへの報酬計画についてAの了承を得た。

　Kは、上記計画に基づき、Bから自己の報酬として現金200万円を受領した。また、Bから配付用の現金を受け取り、Aの秘書役Cに現金190万円、身辺警護等をしたDらにも15万円から30万円など合計295万円を供与した。

　Kは、公職選挙法違反で起訴された。

判決要旨　有罪（懲役2年・執行猶予5年、追徴金200万円）

> 弁護人は、Dらの本来的な業務である「警備業務」は選挙運動ではないなどとして、同人らの行為は選挙運動には当たらない旨主張している。
>
> しかしながら、Dらは、Aの街頭演説や街頭練り歩きに随行し、Aの身辺警護をしていただけではなく、その場の状況に応じて、Aの進路誘導や街宣活動を円滑に実施するための行為や、Aの氏名が記載されたのぼりを持ったり、Aと有権者の触れ合いを促進してAへの投票に結び付き得る行為を行ったりしていたほか、Aの街頭演説に対する妨害行為を排除する役割も果たしていた。したがって、本件選挙において、Dらは純粋な警備業務だけではなく、警備業務を中心とした街宣活動の支援活動にも従事していたものであり、Aのため投票を得させる目的で必要かつ有利な行為をしたものと評価できるから、選挙運動をしたものと認められる。
>
> Kは、長年にわたり国会議員の秘書を務め、Aの選挙対策本部事務局長として選挙運動を統括する地位にありながら、本件現金供与を発案し、供与額を決め、実際に各受供与者に現金を交付しているのであるから、本件現金供与の首謀者といえる立場にあり、現実に果たした役割も非常に大きい。Kの刑事責任は重い。

解説

公職選挙法にいう選挙運動とは、特定の公職の選挙につき、特定の立候補者又は立候補予定者のため投票を得又は得させる目的をもって、直接又は間接に必要かつ有利な周旋、勧誘その他諸般の行為をすることをいうと解されている（最高裁昭和53年1月26日判決）。

本件は、東京都知事選挙立候補者の選挙対策本部事務局長であった犯人が、立候補者や出納責任者と共謀して、選挙運動者らに対し、選挙運動をしたことの報酬とする目的で現金を供与し、当人自身も現金の供与を受けたという事案である。

顧客情報の大量不正流出

東京地裁立川支部平成28年3月29日判決

> 根拠法条：不正競争防止法2条6項、21条1項3号
> 参考文献：判タ1433号

ポ イ ン ト　　利益目的の大量の個人情報流出

事 案 概 要

　Mは、乙社のシステムエンジニアであったが、通信教育、模擬試験実施等を業とする甲社が乙社に業務委託していた情報システム開発等の業務に従事していた。そのため、Mは、甲社の営業秘密である顧客情報（氏名、生年月日、住所等）が記録されたサーバコンピュータにアクセスするためのID及びパスワード等を付与されていた。

　Mは、平成26年6月17日、乙社東京支社執務室において、貸与されていた業務用パソコンを操作して甲社サーバコンピュータにアクセスし、1,009万2,087件の顧客情報データをダウンロードしてパソコンに保存した上、USBケーブルで接続した自己のスマートフォンにデータを記録させて複製した。そして、6月18日、インターネット上の大容量ファイル送信サービスを利用して、スマートフォンに記録されていた顧客情報を名簿業者のパソコンにダウンロードさせて記録させ、顧客情報を開示した。

　さらに、Mは、6月27日、同様な手口で、1,980万905件の顧客情報データをダウンロードしてパソコンに保存した上、USBケーブルで接続した自己のスマートフォンに挿入したマイクロSDカードにデータを記録させて複製した。

　Mは、不正競争防止法違反（営業秘密領得及び開示）で起訴された。

判 決 要 旨　　有罪（懲役3年6月、罰金300万円）

　本件の犯行態様についてみると、本件データベースの顧客情報にアクセスする権限を与えられていたMが、2回にわたり、貸与された業務用パソコン

から本件データベースにアクセスし、顧客情報を抽出する内容のコマンドを入力して、パソコンの画面上に顧客情報を表示させ、ログ機能を使ってパソコン内に記録した上、パソコンにＵＳＢケーブルで接続した自己のスマートフォンにデータを記録させて複製し、そのうち１回については名簿業者に顧客情報データをダウンロードさせて開示したというものである。

　Mは、顧客情報にアクセスする権限を与えられた者としての地位や専門的知識を悪用し、極めて大量の顧客情報を領得、開示したものであって、悪質な犯行である。

　甲社の企業活動において、顧客情報に基づく販促活動等の重要性は高く、その前提となる顧客情報は営業上極めて重要な情報であり、顧客情報の取得、管理に毎年多額の費用を投資していた。本件犯行の結果、約2,989万件の顧客情報が複製され、そのうち1,000万件余りが流出しているのであって、本件犯行の結果は誠に重大である。

解説

　本件は、通信教育等を業とする会社の顧客情報にアクセスする権限を有していた犯人が、利益を得る目的で、営業秘密である顧客情報約2,989万件を自己のスマートフォンに複製し、そのうち1,000万件余りを名簿業者に売却して流出させたという事案である。

　本件犯行によって被害を被った顧客は、自己の個人情報の流出ということに不安を抱いた。また、被害を受けた会社では対策費として約200億円もの金額を計上することを余儀なくされ、厳しい社会的非難を受け、社会的信用を失墜させることとなり、事業活動や経営状態に甚大な悪影響を及ぼす事態となった。

豆知識㉖　営業秘密

　不正競争防止法上、秘密として管理されている生産方法等の事業活動に有用な技術上又は営業上の情報であって、公然と知られていないものをいう。営業秘密の不正な取得、使用、開示行為には、刑事罰が科せられる。

受注製品の品質虚偽表示

立川簡裁平成31年3月13日判決

> 根拠法条：不正競争防止法21条2項、22条1項
> 参考文献：裁判所 web

| ポ | イ | ン | ト |

検査数値改ざんによるコンプライアンス違反

| 事 | 案 | 概 | 要 |

　X社は、鉄鋼・非鉄金属・合金等の製造販売等の事業を営んでいる。X社のO製造所の室長らは、平成28年11月頃から29年5月頃までの間、O製造所において顧客企業から受注して製造した銅板条製品合計約4万9,500キログラムについて、製造所で検査した結果では発注会社との間で合意した仕様を満たしていなかったにもかかわらず、仕様を満たした旨記載した内容虚偽の検査成績書合計90通を作成した上、発注会社に交付した。

　また、X社の別の製造所及び工場においても、担当室長らは、それぞれ受注して製造したアルミ板製品約18万7,000キログラム、油圧鍛造品又は砂型鋳造品合計297個について、製造所及び工場で検査した結果では各製品が発注会社との間で合意した仕様を満たしていなかったにもかかわらず、仕様を満たした旨記載した内容虚偽の材料検査証明書合計215通を作成した上、発注会社に交付した。

　X社は、不正競争防止法違反で起訴された。

| 判 | 決 | 要 | 旨 |

有罪（罰金1億円）

　X社は、業界における最大手の事業者として、市場において大きな競争力を有していたにもかかわらず、品質検査によって得た数値を改ざんし虚偽の表示をするという悪質な方法により、顧客仕様に従って製品を提供するという、取引上、最も基本的で重要なルールに違反し、その結果、多額の売上げを得ていたものである。

　しかも、X社による虚偽の表示は多年にわたって繰り返されており、本件

は生産至上主義のもと納期を優先する企業風土、経営陣においても品質コンプライアンス意識が不足していたことなどが指摘されているX社の企業体質に根差す、常習的な犯行であったといわざるを得ない。

　本件により、発注先である各企業に与えた経済的損失や顧客対応などの負担も多大であり、我が国の製造業全体に対する信頼を揺るがせたことも見過ごすことはできない。

解説

　本件は、当該企業の事業部門を担当する三つの製造所等において、従業員である室長らが、発注先である4社から受注して製造した製品について、発注先との間で合意した仕様（顧客仕様）を満たしていなかったにもかかわらず、検査数値を改ざんして顧客仕様を満たした旨の内容虚偽の証明書を作成して、発注先に交付し、商品の品質について誤認させるような虚偽の表示をした事案である。

　本件犯行のきっかけは、当該企業が自発的に行った品質自主点検により不正行為を認知し、事実を公表したことにあった。また、発注先企業との間においても、製品の安全性を確認し、金銭的補償についても解決の見通しが立っていた。さらに、当該企業では、本件犯行原因を分析し、再発防止策を策定し、これを実施し始めていた。

　これらの点も勘案されて、本判決では、法定刑は3億円以下の罰金刑であるが、罰金1億円に処せられた。

第3

窃盗犯罪

銀行を狙った多額窃盗

福岡地裁平成29年8月4日判決

> 根拠法条：刑法60条、130条、235条
> 参考文献：裁判所 web

ポイント　計画的な銀行店舗への侵入窃盗における共謀

事案概要

　Qは、A、B、C、D、Eと共謀の上、丙銀行から現金を窃取することを計画した。丙銀行の行員Aは、事前に顧客を装って多額の現金を引き出す必要があるので準備をしてほしい旨の連絡をして銀行に現金を用意させ、同僚が保管していたセキュリティカードを盗み取った。首謀者Bは必要な指示を行い、Cが連絡役で、Eが見張役等を分担して行った。

　Qは、Dとともに実行役となり、平成28年10月6日午後10時36分頃、丙銀行丁支店の職員専用出入口ドアの施錠を外して店舗内に侵入し、自動精査現金バスをバールでこじ開け、その中に保管してあった現金を持ち去り窃取した。

　Qは、建造物侵入、窃盗で起訴された。

判決要旨　有罪（懲役4年）

　本件は、Bらを中心として集められ、形成された犯行グループが、事前に練られた計画に基づき、各自が役割分担して実行した犯行であって、手口は手が込んでいる上、犯行態様は大胆かつ悪質である。被害現金額は5,430万円と相当多額に上っており、丙銀行の被った財産的損害は甚大である上、自行の行員が本件に関与していたことも含め、その業務に及ぼした悪影響にも無視できないものがある。

　Qの役割についてみると、Qは本件犯行計画を立案するなど首謀者的役割を果たした者ではなく、Cから誘われて本件に関与することになったDから更に誘われて本件犯行に加担するに至った者ではあるが、Dと共に実行犯と

して現金の窃取に直接関与しているほか、犯行中に警備会社からかかってきた電話に出て、銀行職員であると偽りの応対をしているなど犯行実現場面において不可欠かつ重要な役割を果たしている。

　そして、Qは、Dから分け前として窃取した現金の約2割に当たる1,080万円という多額の利益を得ている。この点については、事前に報酬額について明確な約束があったわけではなく、分け前については犯行後にDが一方的に金額を決めて渡してきたという側面があることを考慮しても、上記金額を分け前として受領していることは、実行犯を担ったQの本件における寄与が大きいものであったことをうかがわせる。

解説

　本件は、犯人が共犯者数名と共謀の上、夜間に銀行店舗内に侵入し、現金を窃取した事案である。犯人は、実行犯として銀行内に侵入して多額の現金を窃取したため、窃取金額の約2割を報酬として受け取っていた。

　なお、犯人は、受領した現金を、借金の返済、生活費及び遊興費等として全額費消しており、被害銀行には何ら被害弁償することができていなかった。

豆知識㉗　牽連犯

　2個以上の行為が、手段・目的又は原因・結果の関係にある場合をいう（刑法54条1項後段）。牽連犯は、科刑上一罪となり、最も重い刑によって処断される。例えば、住居侵入と窃盗、文書偽造・同行使と詐欺などがある。

被害品所持と侵入盗の犯人性

名古屋高裁平成29年11月6日判決

> 根拠法条：刑法130条、235条
> 参考文献：裁判所 web

ポイント　窃盗犯人の虚偽の弁解

事案概要

　Nは、金品窃取の目的で、平成28年6月9日午前0時頃から午前6時30分頃までの間、三重県四日市所在の甲方に1階勝手口ドアの施錠を外して侵入し、現金7万円余、商品券1枚（額面1,000円）及び腕時計等33点（時価合計45万円余相当）を窃取した。

　Nは、住居侵入、窃盗で起訴された。1審は、Nを無罪とした。それは、Nは窃盗の被害発生から最大で36時間余り後に被害品の一部（腕時計）を所持していたが、その事実は窃盗犯人であると相当程度強く推認させるものの、第三者から換金を依頼され渡されたなど窃盗以外の方法で腕時計を入手した可能性を否定できないなどの理由からであった。検察官が控訴した。

判決要旨　原判決破棄・有罪（懲役3年）

　Nは、本件犯行の被害品たる腕時計を四日市市内での被害発生の約1日半後（6月10日午後0時45分頃）に名古屋市内で所持していたもので（その頃質店で換金）、その時間的場所的近接性に照らし、本件腕時計が第三者を介して流通した可能性はかなり低く、いまだ窃盗犯人の手中にあった蓋然性が高いと考えるのが経験則に合致し、Nの本件犯行の犯人性が相当強く推認される。これに、Nが本件腕時計の入手経緯について虚偽の弁解をしていることを併せ考えると、犯人性が極めて強く推認され、これらのみをもってもNの犯人性は優に認定できる。

　更には、Nの本件住居侵入・窃盗被害の日時をまたぐ付近のホテルでの偽

名での連泊という不可解な行動は本件犯行の犯人であることとよく整合すること、Nが本件犯行からさほど離れていない時期に本件住居侵入・窃盗を敢行するに適する道具を侵入盗使用目的で併せ所持していたことを考慮すると、上記の推認はより強固なものとなる。

　これらの事実が偶然に重なり合う可能性は著しく低く、Nが犯人でないとすれば説明が極めて困難なものといえるから、Nの犯人性が優に認定できることに疑いの余地はない。Nを無罪とした原判決には、判決に影響を及ぼすべき事実の誤認があり、破棄を免れない。

解説

　本件は侵入盗事案である。その手口は、深夜から朝方までに住宅勝手口ドア鍵付近の網戸を焼き切って施錠を外して侵入し、現金等を窃取するものである。

　本件犯人は、本件侵入盗事案の約20日後、宿泊先ホテルにおいて、ボストンバッグ内にターボライター（強風下でも安定して点火が可能なもの）、ミニライト、マルチツール（ドライバー、ナイフ、はさみ等が備わったもの）、軍手、プラスドライバーを持っていた。

　ターボライターは、被害者宅勝手口網戸と同種網戸を焼いて穴を空けることが可能であった。また、ミニライト、マルチツール等は軍手にくるまれて一緒に保管されており、同一機会での利用が強く推認された。

　なお、犯人はこれらについて、ターボライターはたばこ吸引用、軍手はパチンコ用（コインを触る際の手の汚れ防止）、ミニライトはかばん内の照射用、マルチツールはささくれ切断用などと弁解していたが、本判決ではこれら弁解は虚偽であると判示されている。

豆知識㉘　　不法領得の意思

　権利者を排除して、他人の物を自己の物と同様に利用・処分する意思。不法領得の意思は、領得罪（窃盗、強盗、詐欺、恐喝、横領）において必要とされる主観的要素である。

駅券売機での釣銭窃取

東京高裁平成22年4月20日判決

> 根拠法条：刑法235条、243条
> 参考文献：判タ1371号

ポイント　窃盗行為の着手の有無

事案概要

　Hは、平成17年から19年にかけて、4回にわたり、駅に設置されている自動券売機の硬貨釣銭返却口内部に接着剤を塗布した後、後続の利用客に対し払い出される釣銭用硬貨を接着剤に付着させて、その通貨を回収して窃取するという手口（本件手口）で窃盗罪を繰り返し、懲役刑に処せられていた。

　Hは、平成21年6月17日昼間、新宿駅構内をぶらぶら過ごすうち、顔見知りの者からペーパーセメント（本件接着剤）を入手し、本件手口で釣銭を盗もうと考え、乗客の多い新橋駅に向かった。Hは、新橋駅に到着し、左手中指の先に本件接着剤を付け、切符を買うような素振りをしながら、券売機の釣銭返却口にそれを塗り付けた。

　自動券売機室内にいた駅員は、防犯カメラ映像で券売機の釣銭返却口に何かを塗っているHを発見した。釣銭泥棒と思った駅員は券売機に急行し、釣銭返却口に接着剤様のものが付着しているのを確認し、Hを追及したところ、Hが犯行を認めたので、窃盗未遂の現行犯人として逮捕した。

　Hは、窃盗未遂で起訴された。1審は、Hの罠を仕掛ける行為と罠にかかった釣銭を盗み取る行為は、客の行為によって遮断されているので、Hの支配下にある一連の行為とはいえない、罠を仕掛けた段階では結果発生の具体的危険が生じたとはいえないので、窃盗罪の実行の着手とは認められないなどとして、窃盗未遂罪は無罪である（偽計業務妨害罪が成立する）と判断した。

　検察官が控訴した。

 判決要旨 　原判決破棄・有罪（懲役 1 年 2 月）

> 　窃盗罪における実行の着手は、構成要件該当行為自体の開始時点に限定されず、これに密接な行為であって既遂に至る客観的危険性が発生した時点に認められる。本件においては、本件接着剤を各券売機の釣銭返却口に塗布した時点において、実行の着手があったというべきである。
> 　すなわち、Hの接着剤塗布行為は、券売機の釣銭等を取得するためには最も重要かつ必要不可欠な行為であり、釣銭の占有取得に密接に結びついた行為である。また、Hにおいて、本件接着剤塗布行為に 1 回でも成功すれば、本件接着剤の効能、乗客の乗車券購入行為等による釣銭の出現の頻度、釣銭が接着剤に付着する確率等を踏まえると、券売機の管理者が占有する釣銭用硬貨を十分に取得することができる状態に至った、換言すれば、硬貨の窃取に至る客観的危険性が生じたということができる。
> 　原判決は、釣銭の窃取という結果発生に特段障害にならない諸点を殊更取り上げて、本件接着剤塗布行為と釣銭窃取行為との密接性や結果発生への客観的危険性を否定する独自の見解に立脚するもので、到底与することはできない、本件において、窃盗罪の実行の着手を否定した原判決には、事実の誤認及び法令適用の誤りがある。

 解説

　本事案では、接着剤を塗布した時点での窃盗行為の着手の有無が問題とされた。1 審は、接着剤塗布行為自体は窃盗の準備行為にすぎず、その時点では釣銭取得の具体的危険性は発生しておらず、窃盗の実行の着手はないと判断した。

　これに対して、本判決では、接着剤塗布行為の段階で釣銭取得という結果発生の具体的危険性が認められるとして、窃盗の実行の着手があったと判断した。

56 金塊入りキャリーケース強奪
福岡高裁令和元年9月17日判決

> 根拠法条：刑法60条、235条
> 参考文献：裁判所 web

ポイント 周到に準備された計画的窃盗行為

事案概要

　乙らは、金塊を購入・売却してその差額で利益を得るビジネスを行っていた甲やその出資者らから、金塊を購入して売却するよう委託を受けた。乙らは、平成28年7月7日、現金を入れたキャリーケースを携え、東京都内から山口県下関市内まで新幹線や飛行機で移動した。そして、同日夜、下関市内のホテル客室内で取引相手と会い、相手が持参した金塊の数や重さ等を確認した上、持参した現金と引き換えに金塊を受け取った。

　乙らは、本件金塊を現金が入っていたキャリーケース3個に分けて入れるなどして、客室内で保管した。7月8日朝、乙らは、本件金塊を更に2個のキャリーケースにも分けて入れ、これらを自動車で売却先店舗のある福岡市所在のビル内のエレベーターホールに運び入れた。

　X及びYは、氏名不詳者らと共謀の上、平成28年7月8日午前9時27分頃、福岡市内のビル1階のエレベーター前エントランスにおいて、乙ら管理の金塊合計160個在中のキャリーケース5個（時価合計約7億5,861万円相当）並びに丙所有に係る現金約130万円、ショルダーバッグ1個（iPad 在中）及び携帯電話機2台（時価合計約24万円相当）を持ち去り窃取した。

　X及びYは、窃盗で起訴された。1審は、Xらを有罪（共に懲役9年）とした。Xらは控訴し、乙らは本件持ち去りに同意があったなどと主張した。

判決要旨 控訴棄却

　Xらの一部が装着していたベストには「POLICE」と記載されたワッ

ペンが付けられ、「機捜」という警察官のものと見られる刺しゅうも施されていたもので、その形状等からすると通常人であれば警察官であると誤認するに足りるものである。そして、乙らは、突然Xらから強い口調で「警察だ。密輸をしているだろう。」などと問いただされるという想定外の事態で困惑した状況にあったことからすれば、Xらを警察官と誤認して何らの抵抗もしなかったことや、警察署に届けるまでに上位者への報告をしたり、Xらに奪われた丙の携帯電話の位置情報で検索しようとしたりして相当の時間を要した旨説明していることが特に不自然とはいえず、本件持ち去り行為について乙らの同意があったことを推認させるものではない。

　むしろ、Xらの一部が単に警察官を装う服装をしていたことにとどまらず、警察官による所持品検査を装って携帯電話を提出させ、車内にいた丁らに対しては、共犯者が職務質問を装って携帯電話を車内に置いたままにして下車させた上、本件金塊の入ったキャリーケース5個を本件持ち去り行為が行われたビルから持ち出し、さらに共犯者が残って乙らにもう少し待つように申し向けるなどして追跡されることなく本件キャリーケース等を運ぶ時間を稼ぐには十分な足止め行為をし、短時間で手際よく本件キャリーケース等を持ち去っている。

　これらの事情に照らせば、Xらの本件持ち去り行為の態様は、乙らの同意がなかったことを推認させるし、Xらを警察官であると認識して疑わず、抵抗しなかった旨の乙らの供述は何ら不自然ではない。

解説

　本件で窃取された金品は、合計160キログラムもの大量の金塊のほか多額の現金も含まれており、その被害合計額は約7億6,000万円に上る。これは我が国の窃盗事件としては類例を見ないほどの莫大な金額であった。

　本件実行犯らは、犯行に用いる衣服等も用意するなど主導的な役割を果たし、共犯者間で最も多い約1億円の報酬をそれぞれ得ていた。

不正利用口座からの現金引出し

東京高裁平成25年9月4日判決

> 根拠法条：刑法235条、246条1項
> 参考文献：判時2218号

ポイント　犯罪利用可能性がある預金口座の告知義務

事案概要

　Vは、平成24年2月28日、A銀行a支店に赴き、同支店に開設された甲社名義の預金口座から預金を払い戻そうとした。その際、対応した銀行員から、警察からの要請で甲社名義の預金口座を凍結したので出金できない旨告げられ、「分かりました。弁護士と相談します。」などと返答して退店した。

　Vは、①3月13日、B銀行b支店において、甲社名義の普通預金口座に詐欺等の犯罪行為により現金が振り込まれているのに乗じて、同支店に開設された甲社名義の普通預金口座から預金払戻しにより現金200万円を入手した。②同日、C銀行c支店において、現金自動預払機に甲社名義のキャッシュカードを挿入して、同支店に開設された甲社名義の普通預金口座から現金99万9,000円を引き出した。③3月14日、B銀行b支店において、甲社名義の普通預金口座から預金払戻しにより現金700万円を入手した。

　Vは、詐欺（①及び③の事実）及び窃盗（②の事実）により起訴された。1審は、Vを有罪（懲役3年）とした。

　Vは控訴し、預金口座凍結の説明を受けたとしても、その口座が何らかの犯罪行為に利用されている可能性が高いとは認識できないなどと主張した。

判決要旨　控訴棄却（確定）

　詐欺等の犯罪行為に利用されている口座の預金債券は、債券としては存在しても、銀行がその事実を知れば口座凍結措置により払戻しを受けることができなくなる性質のものであり、その範囲で権利の行使に制約があるものと

いうことができる。したがって、普通預金規定上、預金契約者は、自己の口座が詐欺等の犯罪行為に利用されていることを知った場合には、銀行に口座凍結等の措置を講じる機会を与えるため、その旨を銀行に告知すべき信義則上の義務があり、そのような事実を秘して預金の払戻しを受ける権限はないと解すべきである。

　Vは、本件各犯行の時点では、甲社名義の預金口座が詐欺等の犯罪行為に利用されていることを知っていたと認められるから、Vに本件預金の払戻しを受ける正当な権限はないこととなり、これがあるように装って預金の払戻しを請求することは欺もう行為に当たり、Vがキャッシュカードを用いて現金自動預払機から現金を引き出した行為は、預金の管理者ひいて現金自動預払機の管理者の意思に反するものとして、窃盗罪を構成する。

解説

　本判決では、銀行の当該預金口座が詐欺等の犯罪行為に利用されていることを知りながら、その旨を告知せずに預金を払い戻す行為について詐欺罪の成立を認め、現金自動預払機から預金を引き出す行為について窃盗罪の成立を認める判断を示した。

　銀行が犯罪利用の疑いがある預金口座について口座凍結措置をとることは、普通預金規定に基づく取扱いであるとともに、救済法（犯罪利用預金口座等に係る資金による被害回復分配金の支払等に関する法律）の期待するところである。銀行としても、振り込め詐欺等の被害者と振込金の受取人（預金口座の名義人）との間の紛争に巻き込まれないためにも、そのような口座については口座凍結措置をとることになると考えられる。

豆知識㉙　観念的競合

　1個の行為が2個以上の罪名（構成要件）に触れる場合をいう（刑法54条1項前段）。観念的競合は、科刑上一罪となり、最も重い刑によって処断される。例えば、警察官の職務執行妨害のため傷害を加える行為は、傷害と公務執行妨害の観念的競合となる。

銀行員の顧客預金引出し

千葉地裁松戸支部平成30年 8 月27日判決

> 根拠法条：刑法235条、246条の 2
> 参考文献：W J

ポイント　銀行での知識経験を悪用した犯行

事案概要

　Fは、千葉県松戸市内に所在するD銀行E出張所に勤務し、各種預金取引の管理、振込送金等の業務に従事していた。

　Fは、①平成23年 3 月30日から 4 月21日までの間、 4 回にわたり、オンライン端末機を操作して、D銀行の預金管理の事務処理をしている電子計算機に対し、別銀行に開設されたFが管理する普通預金口座に合計1,609万円余を振込送金したとの虚偽の情報を与え、不実の電磁的記録を作成させて、もって1,609万円余の財産上不法の利益を得た。②上記の期間、 5 回にわたり、E出張所において、現金出納機を操作して、 3 名の預金口座から預金を払い戻し、現金合計230万円余を窃取した。

　Fは、その後も同様な手口を用いて、電子計算機に虚偽の情報を与えて自己の管理する銀行口座に不正送金して財産上不法の利益を得、現金出納機を操作して他人の預金口座から多額の現金を払い戻して窃取した。その被害総額は 1 億円以上となっていた。

　Fは、電子計算機使用詐欺、窃盗で起訴された。

判決要旨　有罪（懲役 6 年）

> 　Fは、銀行内での上司や同僚の信頼を得ていたことに乗じ、銀行の従業員として有する豊富な知識及び経験を巧みに用い、各種の帳簿上の記録を整えたり、高齢で口座残高が多いにもかかわらず来店頻度が少なく、通帳記帳をしていない顧客を選んだりして、その犯行が発覚しないように様々な工作を

して本件犯行を実行したものであり、その犯行は計画的で巧妙かつ狡猾なものである。

　その被害は約5年もの長期に及び、その額も合計1億944万円と高額であり、その結果は極めて重大である。Fは、銀行から預金との相殺をされた結果、約322万円を弁済しているものの、それ以外の被害弁償の見通しは立っていない。

　Fの刑事責任は誠に重く、相当期間の実刑は免れない。

解 説

　本件は、銀行の従業員であった犯人が、平成23年3月から28年4月にかけて、①銀行の業務端末機を操作して虚偽の情報を与えて、顧客の預金口座から自らが管理する口座に合計2,753万円余を不正送金して、財産上不法の利益を得たという電子計算機使用詐欺、②顧客の預金口座から現金を不正に引き出すなどして合計8,191万円余を窃取した、という事案である。

　本件犯行の動機は、FX取引で損失を重ねて金銭に窮し、さらにFX取引に投資してその損失を穴埋めしようなどとの身勝手な考えからであった。

豆知識㉚　　使用窃盗

　単に一時使用して後日返還する意思で、他人の財物を自己の所有に移すこと。例えば、一時的に他人の自転車を無断使用する場合、不法領得の意思が認められなければ、窃盗罪にはならないと解されている。

駅ホームでのひったくり

高松高裁平成28年5月12日判決

> 根拠法条：刑法208条、235条
> 参考文献：WJ

ポイント　ひったくり行為に伴う暴行の評価

事案概要

　Uは、平成27年10月18日午前0時47分頃、愛媛県内の鉄道駅2番ホーム上において、ベンチに座っていた戊（当時20歳）に対し、その後方から戊の口を右手でふさぐ暴行を加え、戊が肩に掛けていたショルダーバッグ1個（現金1,521円及び財布等57点在中）をひったくって窃取した。

　Uは、暴行及び窃盗で起訴された。1審は、Uを有罪（懲役1年10月）とした。判決理由の中で、「本件は、Uが、深夜人気のない駅のホームにおいて、ベンチに座っていた女性被害者に対し、いきなり、後方から口をふさぐなどの暴行を加えるとともに、現金等在中のショルダーバッグをひったくり窃取した事案である。」とした上、「Uは、戊がショルダーバッグを持っているのを見て盗むことを考えて、本件犯行に及び、駅のホームの線路沿いまで被害者を引きずるなどした」と指摘し、本件犯行は強固な犯意がうかがわれ、被害者に対し重大な結果を招きかねない危険な行為であるから、悪質さを十分に評価されるべきであるなどと説示した。Uが控訴した。

判決要旨　原判決破棄・有罪（懲役1年8月）

　原判決は、本件犯行を、全体として暴行を手段としたひったくり窃盗として捉え、その暴行に被害者を引きずる暴行を加えた上で、本件は手段を選ばない強固な犯意による危険な犯行であるという重い犯情評価を導いている。被害者を引きずる暴行は、口をふさぐ暴行にほとんど引き続いて行われたものとはいえ、口をふさぐ暴行とは異質なものであり、本件全体についての重

い犯情評価につながるものとされている。

　それにもかかわらず、原審裁判所は、訴因変更の手続はもとより、原審検察官に釈明を求めて争点として顕在化させることもなく、この引きずる暴行を認定し、それを根拠として重い犯情評価を導いたのである。その訴訟手続には、判決に影響を及ぼすことが明らかな法令違反がある。

　本件ひったくりの犯行は、必死にショルダーバッグを握っていた戊から強引にこれを奪い取ったものであり、態様悪質である。突然、口をふさがれ、ひったくりにあった戊の衝撃も大きい。しかも、本件は、強姦致傷、窃盗等による懲役7年の刑の執行終了から5か月での犯行である。Uの刑事責任は軽視できない。

解説

　本件は、女性被害者に対し、深夜の駅ホームで敢行された悪質なひったくり事案である。

　本判決では、暴行に関して、原審は訴因に明示された「口をふさぐ暴行」以外に、ショルダーバッグをひったくる際に被害者を引きずった暴行を「罪となるべき事実」として認定したと判断し、その手続は法令違反となると判示している。

豆知識㉛　　常習特殊窃盗（強盗）

　盗犯等防止法2条により規定された罪。常習として、凶器を携帯したり、夜間に住居等に侵入したりする悪質な方法を用いて窃盗や強盗等の罪を犯した者に対して、刑が加重されている。

連続ひったくり事件

札幌地裁平成29年12月21日判決

> 根拠法条：刑法60条、235条、236条、240条
> 参考文献：裁判所 web

ポイント　常習的ひったくり犯による悪質犯行

事案概要

　P及びRは、犯行前日から、P運転の車の中からパチンコ店の換金所から出てくる客や通行中の女性を物色し、ひったくりの機会をうかがっていた。そして、Pらは、平成29年1月6日午前1時57分頃、歩道上で、通行中の甲（当時35歳）が持っていた手提げかばん1個（現金約20万円及び財布等在中）をひったくり窃取した（第1事件）。

　P及びQは、パチンコ店換金所の金を狙って、従業員が車の雪下ろし等をしている際に車に乗り込んで発進し、車ごと所持金品を奪おうと計画した。Pらは、1月24日午後11時4分頃、パチンコ店駐車場において、駐車中の車に乗り込んだがスムーズに発進できなかったものの、乙（当時62歳）所有のバッグ2個（現金約8万円及び財布等在中）を窃取した（第2事件）。

　さらに、P、Q、Rは、共謀の上、Rの勤務先のホテルから従業員丙（当時58歳）が多額の売上金を運び出すことから、これをひったくって奪い取ろうと企てた。Pらは、1月30日午前10時20分頃、ホテル専用駐車場において、丙が所持していた手提げバッグを引っ張って、顔面を拳で殴るなどの暴行を加え、丙の反抗を抑圧し、手提げバッグ1個（現金約456万円在中）を強取した。その際、丙は加療約10日間を要する傷害（口唇部挫創等）を負った（第3事件）。なお、奪った現金はPがその分配を取り仕切り、少なくともPは170万円、Qは70万円余、Rは37万円を得た。

　Pらは、強盗致傷（第3事件）、窃盗（第1、第2事件）で起訴された。

|判|決|要|旨|　有罪（Pは懲役9年、Qは懲役6年、Rは懲役5年）

　第3事件について、本件犯行に先立ち、Pらが、本件で行われたように暴力を振るって強取するに至ることを想定していたかどうかを検討する。

　Pらはそろって、丙が抵抗することはなく、容易にひったくりをすることができると思っていたので、暴力を振るうことは想定していなかった旨を供述している。しかし、Pらが犯行計画の中で狙いを定めていたのは、従業員が勤務先から運び出そうとする多額の売上金であり、その金額や性質からして、運搬業務に当たる丙にとって容易には手放せない重要な所持品であった。Pらにとっても、これが入った手提げバッグ等を突然奪い取ろうとした場合には、相手が握り持つ手に力を入れて離そうとしないなど激しい抵抗をすることも常識的に想定される状況にあった。

　Pらは、Rからのリークや下見を通じ情報を収集しながら犯行の計画・準備をして実行に臨み、Pが丙との間でバッグの引っ張り合いをすると、Qがこれに加勢して、丙を転倒させるまで二人がかりで強く引っ張り合いを続けるなど、バッグを奪い取ることを断念しなかった。

　これら一連の経過を通じ、Pらの間では、売上金の奪取を遂げようとするかなり強固な意思があったことも明らかというべきである。

|解|説|

　本件は、犯人らが共謀して、ひったくり犯行を連続して敢行した事案である。特に、第3事件では、暴力を用いることは明示的、確定的には予定されてはいなかったものの、それまでのひったくり事件で得られた金が少なく失敗であったことから、ホテル売上金を狙ってある程度の暴行に及んでもバッグを奪い取ると想定・認容されていたと判断された。

自分の娘を利用した万引き

61

福岡地裁平成29年12月18日判決

> 根拠法条：刑法60条、235条
> 参考文献：裁判所 web

ポ イ ン ト　刑事未成年者を利用しての窃盗行為

事 案 概 要

　Wの長女D及び次女Eは、本件以前からWと近所のスーパーなどに行くと、W
が商品を指差したり、元にあった場所から移動させて別の場所に置いたりするの
で、その商品を万引きしていた。Dらは、指示されたとおり万引きしないとWに
怒られたり、髪の毛を引っ張られたりしていた。

　Wは、①平成29年1月14日、D（当時14歳）と共謀の上、福岡市内のA店にお
いて、刑事未成年者であるE（当時10歳）に指示し、ランドセル1個（販売価格
3万556円）を携帯させて未清算のまま同店から持ち出させて、窃取した。②同
年4月1日、福岡市内のB店において、Eに指示して、アイスクリーム1点（販
売価格238円）を携帯させて未清算のまま同店から持ち出させて、窃取した。③
同年4月23日、前記B店において、Eに指示して、餃子の皮1点（販売価格89
円）を携帯させて未清算のまま同店から持ち出させて、窃取した。

　Wは、窃盗罪で起訴された。公判において、Wは、Eが商品を店から持ち出し
たことは間違いないが、Wが指示したことはないなどと主張した。

判 決 要 旨　有罪（懲役2年・執行猶予4年）

　　信用性の高いEの供述及びこれと符合する各店舗に設置された防犯カメラ
の画像・映像等からすれば、本件以前より、WがEに対して商品の万引きに
ついての黙示的なものも含めた指示をしており、これに従わなければ髪の毛
を引っ張るなどの暴行を加えていたという状況がある。

　　各犯行においても、Wが持ち出すものを指示し、Eが万引きをしなければ

暴行を加えられるかもしれないという思いから、その指示に従って商品を持ち出したことが認められる。そして、Eが本件犯行時10歳であってその是非弁別能力には限界があること、犯行当時Eと同居していた大人はWのみで、生活をしていくためにはその意向に従わざるを得なかった状況にあったことも加味すれば、母親であるWが、Eを利用して自己の犯罪として各犯行を実現したと認められる。

　また、①の犯行については、Wが、D及びEの目の前でランドセルの持ち出しを指示したことが認められるところ、Dはこの指示に従って、Wがレジで別の商品を購入している間に、ランドセルを手に持って清算することなく通過していることからすれば、DとWとの間の共謀が認められる。

　そして、Dは当時14歳であり、犯行時においても自己の判断でランドセルについていた盗難防止の鈴を外すなどその場の状況に応じた行動をしていることからすれば、WとDとの間では間接正犯ではなく、共同正犯が成立するといえる。

解説

　本件犯人は、自らの手によることなく、刑事未成年者の次女を指示に従わせて窃盗を実現しており、卑劣な行為であると判示されている。

　犯人は、陳列棚における場所を移すことで持ち出させる商品を黙示的に指示するなど手口が手慣れており、常習性が認められると判断された。

豆知識㉜　間接正犯

　故意のない者や責任無能力者を道具のように利用して、犯罪を実行すること。例えば、医師が事情を全く知らない看護師を利用して患者に毒物を飲ませるとか、情を知らない郵送機関を利用して、毒殺のための毒物を郵送するなど、故意がない者を利用して、犯罪を実行すること。

62 元陸上選手による万引き

前橋地裁太田支部平成30年12月3日判決

根拠法条：刑法235条
参考文献：裁判所 web

ポイント　様々なストレスからの万引き行為における責任能力の認定

事案概要

　Sは、平成30年2月9日午後8時45分頃、群馬県内のスーパーマーケットにおいて、商品3点（キャンディ1袋、クッキー菓子2袋、販売価格合計382円）をジャンパーの内側に隠匿して窃取した。

　被害店舗の私服警備員は、Sが買物かごを両手で持ち、胸の前で底が前に見えるくらい傾けているのを目撃し、違和感を覚えて見ていると、買物かごから商品を取ってジャンパーの隙間から中に入れ、ジャンパーの襟元を直すのを目撃した。Sは警備員に声を掛けられてサービスカウンターに連行され、被害商品がジャンパー内側から発見された。当時、Sは現金2万円余やクレジットカードを所持していた。

　Sは、窃盗罪で起訴された。公判において、弁護人は、Sは本件犯行時、神経性やせ症、社交不安障害及び境界知能の影響により心神耗弱の状態であったなどと主張した。

判決要旨　有罪（懲役1年・執行猶予4年・保護観察付）

　Sの精神障害が神経性やせ症や社交不安障害にとどまること、単純な万引きという本件犯行の性質、本件犯行及びその前後の行動からは正常な精神作用が相当程度働いていたことが強くうかがわれ、それほど不自然・不合理な点が見当たらないことなどに照らすと、Sの事理弁識能力はわずかに低下していた疑いがあるにとどまり、窃盗行為を抑制する契機として機能するのに十分なものであったと認められる。

　そして、これらの事情に照らすと、この弁識に従って行動する能力である行動制御能力についても、神経性やせ症による衝動性の高まりや抑制機能の障害等により一定程度低下していたと認められるものの、その程度はそれほど大きくなかったものと認められ、必要的減軽（刑法39条2項）という効果を認めるべきといえるほど著しいものであった疑いはない。以上によれば、Sは完全責任能力を有していたものと認められる。

　Sは、同種罰金前科2犯を有する上、同種犯行による懲役1年・執行猶予3年の判決の宣告からわずか約3か月で本件犯行に及んだものであり、常習性が認められ、基本的に強い非難に値する。

　他方で、神経性やせ症（摂食障害）に罹患し、自業自得とはいえ、前件の万引きについて報道されたことなどによるストレスもあって、本件犯行時、心神耗弱といえる程度とはいえないものの、万引きの衝動を抑制する能力が低下していたものであり、この点は非難の程度を一定程度低める事情として考慮すべきである。これらの事情に照らすと、本件犯行の行為責任は、窃盗事犯の中で重いものとはいえない。

解説

　本件は、元陸上（マラソン）選手であった犯人が、スーパーマーケットにおいて、お菓子3点を衣服内に隠して窃取したという万引き事案である。

　本件犯人は、高校時代に、陸上競技では体重が軽い方が有利であるとの助言を受けて減量するようになり、最初に所属した実業団において、厳しい体重管理を指示されたことなどから、過食をし、体重が増えないようにするために食べたものを吐くという食べ吐きをするようになった。そして、合宿中に買い食いができないように財布を取り上げられ、食べ物欲しさに万引きをするようになっていた。

第4

暴力犯罪

利権獲得のための殺人

仙台地裁平成22年8月27日判決

> 根拠法条：刑法60条、220条、225条、240条
> 参考文献：裁判所 web

ポイント　**犯罪組織内部のあつれきからの凶悪犯罪**

事案概要

　暴力団員Kは、共犯者らと共謀の上、戊を営利の目的で誘拐した上、逮捕監禁しようと計画した。平成16年9月3日夕刻、Kらは、東京都内の駐車場において、けん銃の取引をするなどと偽って誘い出した戊を車両に乗車させて誘拐し、顔面にガムテープを巻き付けて目隠しし、両手に手錠を掛けて、拘束したまま仙台市内の山林まで連行した。

　Kらは、9月4日午前11時30分頃、山林内において、戊の頸部をロープで締め付け、頭部をバールで殴るなどして、戊を殺害した。さらに、Kらは、仙台市内の戊方に設置された金庫内から現金約5,000万円等を強取した。

　なお、戊の遺体は、10年以上もの間、山林に埋められたままで、発見時には白骨化していた。

　Kは、営利誘拐、逮捕監禁、強盗殺人等で起訴された。

判決要旨　**有罪（無期懲役）**

　Kは、所属する犯罪組織や暴力団の構成員らと共謀して、戊を殺害してその財産や利権を全て奪い取るために、あらかじめ綿密に計画を立て、各自の役割分担を決めた上で一連の犯行に及んでおり、本件各犯行は組織的かつ計画的である。また、Kは、戊の殺害を最初に発案し、犯罪組織の構成員や暴力団員らを犯行に誘い込むなどして、自らが中心となって犯行実行へと進んでおり、本件犯行の首謀者といえる。

　Kらは、戊に目隠しして身体を拘束し、全裸の状態にして暴行を加えて財

産の隠し場所を白状させている。さらに、Kらは、殺害の場面においても、泣きながら命乞いをする戊の首にロープをかけて絞め付け、頭部をバールで殴った後、倒れて動かなくなった戊の首を引き続きロープで絞めながら、再びバールで頭部を殴り付けている。本件各犯行の態様は極めて冷酷であり、かつ残虐である。特に、Kは、高校の同級生であった戊を躊躇することなく殺害している。殺害行為の冷酷さは、際立っている。

解説

本件は、暴力団員が、所属する犯罪組織の構成員や暴力団組員らと共謀の上、犯罪組織のトップであった被害者を殺して恨みを晴らし、多額の現金や利権を手に入れるため、被害者を誘拐して逮捕監禁した後、殺害して現金や通帳を奪ったという営利誘拐、逮捕監禁、強盗殺人の事案である。

本件犯人は、以前にも暴力団における兄貴分であった者に個人的な恨みを抱き、仲間と共謀して、その者の顔面を鉄パイプで多数回殴り、ロープで首を絞め付けるなどして殺害し、その遺体を山林に埋めていた。この殺害行為についても、併せて起訴され、懲役15年に処せられている。

豆知識㉝　自白の補強証拠

自白とは、自己の犯罪事実の全部又は主要部分を認める被疑者・被告人の供述のことである。自白は、中世には「証拠の王」と呼ばれ、自白を得るための拷問も許された。近代に至り、拷問が廃止され、自白を過大評価することのないよう自白のみでは有罪判決をなし得ず、補強証拠を要するとされている（刑訴法319条２項）。

組長による殺害指示

64

福岡地裁平成30年1月29日判決

> 根拠法条：刑法60条、199条
> 参考文献：裁判所 web

ポイント　暴力団特有の論理に基づく組織的犯行

事案概要

　丙は、暴力団A組若頭であったが、平成19年頃には賭博を繰り返して他の暴力団に属する者からも多額の借金をするようになり、組長Zは多数回にわたりその肩代わりをし、その金額は合計1億円を超えるに及んだ。丙は、Zが再三注意しても賭博をやめず、借金の取立てに来た者に対して「ないものはない」などと開き直ったり、借金相手のところに火炎瓶を投げ込んでくるなどと言ったりした。Zは、丙をどうにかしなければいけない旨を日常的に口にするようになった。

　Zは、丙が賭博による多額の借金を負いながら賭博をやめないなど、自己の意に沿わない言動を繰り返したことに立腹し、A組組長代行B（平成24年7月死亡）、副組長C、組本部長D、組員Eと共謀して、丙を殺害しようと考えた。

　平成20年6月21日、福岡市内の路上において、丙（当時30歳）に対し、Eが、Cに背後から羽交い絞めにされていた丙の腹部を刃物で突き刺し、さらに、移動中の自動車内において、Dが倒れていた丙の首にコード様のものを巻いて絞め付け、丙を殺害した。

　Zは、殺人罪で起訴された。公判において、Zは、共犯者との間で丙殺害の共謀をしていないなどと主張した。

判決要旨　有罪（懲役18年）

> 　丙に対する殺害行為は、刃物で腹部等を突き刺し、コード様のもので首を絞めるといった、死の結果が発生する危険性の高い行為を複数回行ったもので、綿密な計画性までは認められないものの、刃物を事前に用意するなどの

一定の準備をした上で、複数の者により敢行された、暴力団に特有の論理に基づく組織的な犯行である。

　本件に至るまでの丙の言動にも責められるべき面があり、Zがその対応に苦慮した末に本件犯行に及んだことが認められるが、もとより、丙の殺害以外にとり得る手段がなかったとはいえず、この点を量刑上大きく考慮することはできない。

　Zは、暴力団組長という下位の構成員である共犯者らがその命令に逆らうことが困難である絶対的な立場を利用して、躊躇する共犯者らに対し、丙の殺害を繰り返し指示し、意のままにこれを遂げたものである。Zの命令がなければ本件は起こりえなかったのであり、Zは犯行を首謀した者として最も重い責任を負うべきである。

解説

　本件は、暴力団組長が、当初は暴力団員として高く評価し、若頭としていた被害者が賭博を繰り返して多額の借金をするようになったため、配下組員に命じて被害者を殺害させた事案である。

　公判において、組長は「やれ」「殺せ」とは言っていないなどと供述していた。しかし、本判決では、暴力団における組長と下位の構成員の絶対的な上下関係に照らすと、若頭殺害行為を行った共犯者らが何ら追及されず、制裁も受けておらず、それこそが組長からの指示がなされていた証となると判示している。

豆知識㉞　伝聞法則

　反対尋問の機会にさらされていない供述証拠は、供述過程に誤りが入り込む危険性があるため、原則として証拠にできないという考え方。我が国の刑事裁判においても、一定の例外を認めながら、伝聞法則を採用している（刑訴法320条）。

65 暴力追放運動者に対する報復

福岡地裁平成30年2月20日判決

> 根拠法条：刑法60条、108条
> 参考文献：裁判所 web

ポイント　暴力団員立入禁止標章制度への嫌がらせ

事案概要

　G会は、北九州市を中心とする地域を縄張りとしている暴力団である。Nは、以前より親しい関係にあったMがG会に入ったため、平成22年頃にG会に入り、その二次団体のQ組組員として活動していた。

　平成23年に福岡県暴力団排除条例が改正され、暴力団排除特別強化地域に指定された場所で営業する飲食店等が「暴力団員立入禁止」などと記載された所定の標章を掲示した場合、暴力団員の店内立入りを禁止する制度が導入された。Q組では、標章制度開始以降、20ないし30名程度の組員が、北九州市内の繁華街を手分けして回り、1軒1軒の飲食店等が標章を掲示しているかを調べ、その結果を取りまとめていた。

　Q組若頭Jは、平成24年7月中旬頃から8月上旬頃、組員に指示して、バイクやナンバープレート、赤色スプレー缶等を用意させた。そして、別の組員に対し、暴力団追放運動を行っていた関係者の雑居ビル飲食店の標章にスプレーを吹き付けるよう指示していた。

　Nは、本件犯行当日、Mから灯油入りペットボトル、発炎筒、赤色スプレー缶を受け取った共犯者を後部座席に乗せて、白色バイクを運転して出発して行った。また、後日、付近の海中から白色バイクが発見された。この白色バイクは、エンジン番号及び車体番号がいずれも削り取られていた。

　Nは、現住建造物等放火で起訴された。公判において、Nは犯行への関与を否認した。

判|決|要|旨　　有罪（懲役8年）

　本件は、複数の暴力団員らが、上位者の指示に従い、犯行に使用するバイク、装着するナンバープレート、灯油、発炎筒、作業着等を調達するなどした上、実行統括役、実行役、犯行道具の処分役など、各人が与えられた役割を果たすことで敢行した組織性及び計画性の高い犯行である。

　その犯行態様は、多くの飲食店等が入居するビルのエレベーター内に灯油をまいた上、火のついた発炎筒を投げ込んで放火するという危険性の高いものである。これにより、焼損面積こそ広くはなかったものの、エレベーターを全焼させるとともに、エレベーター前床面の一部を焼損したほか、エレベーター内から噴出した炎や熱を帯びた煙により、ビル所有者らが気道熱傷の傷害を負って入通院を余儀なくされ、エレベーター交換等のために約2,500万円もの多額の経済的損害が生じている。

　Nは、犯行現場においてどのような役割を果たしたかという点こそ明らかでないものの、犯罪行為に使う目的でバイクを調達し、これを運転して、放火の道具を持った共犯者を乗せて犯行現場に赴いたほか、犯行後にはバイクを運転して共犯者とともに犯行現場から逃走しており、本件犯行を遂行する上で不可欠の役割を果たしている。

解|説

　本判決において、犯人が実行犯であるとの根拠としては、①犯人が放火事件発生前に、本件白色バイクの前所有者からそのエンジン番号と車体番号を削らせた上で、バイクを譲り受けていたこと、②犯人が、事件当日の午前4時過ぎ頃、発炎筒など放火道具となり得るものを受け取った共犯者を後部座席に乗せて、白色バイクを運転して出発していること、③白色バイクが雑居ビルに到着するまでの間、その運転を交代した者がいないとみられること等が挙げられている。

　また、本件犯行の直接の動機は不明であるが、標章制度等の暴力団排除の規制や運動に対抗して暴力団の力を誇示したいという意図があったものと推察されており、本判決では、暴力団特有の論理に基づく凶悪な犯行であって厳しく非難されなければならない、と判示されている。

野球賭博の胴元

東京地裁平成28年12月 9 日判決

根拠法条：刑法60条、186条 2 項
参考文献：Ｗ Ｊ

| ポ | イ | ン | ト | プロ野球公式戦を対象とした野球賭博

| 事 | 案 | 概 | 要 |

　Ｌは、Ｏ及びＰと共謀の上、プロ野球公式戦等の試合を利用して賭博場を開き、利益を得ようと考えた。Ｌらは、平成26年に開催されたプロ野球公式戦につき、 3 月29日から10月19日までの間、東京都内又はその周辺において、賭客をして、 1 点 1 万円で優勢と見られるチームには所定のハンディキャップを付した上での勝敗を予想させて賭金を申し込ませた。

　本件賭博の約定では、予想が的中した場合には、賭金に得点差とハンディキャップに応じて一定の割合に応じた金額の 1 割を寺銭として賭客から徴収し、残額を配当金として賭客に支払った。また、予想が的中しなかった場合は、賭金を徴収することにしていた。

　Ｌらは、この手口で、賭客 5 名から、携帯電話機の電子メールを使用するなどして賭金の申込みを受ける方法により、合計122点（賭金合計122万円）の「野球賭博」と称する賭博の申込みを受けた。

　また、Ｌらは、平成26年に開催された全国高校野球選手権大会の 8 月16日に行われた野球試合につき、同15日、上記同様の約定の下に、賭客 1 名から、 5 点（賭金 5 万円）の野球賭博の申込みを受けた。

　Ｌは、賭博開張図利で起訴された。

| 判 | 決 | 要 | 旨 |　**有罪（懲役 1 年 6 月・執行猶予 3 年）**

　Ｌらは、野球賭博で利益を図ろうと、知人等に声を掛けて賭客を募り、賭客らに電子メール等を利用して対戦チームに付したハンディキャップを知ら

せ、賭金の申込みを受け、手数料を徴するなどして利益を得ていたもので、賭博開張の手法は手慣れている。Lらは、平成26年3月から10月までの半年余りの期間、賭客5名から合計127万円の賭金の申込みを受けており、犯行は常習的で賭博の規模も小さくない。

　Lは、暴力団組織の上位者であったOから指示を受け、犯行に関与するようになったのであるが、Pと共に、賭客らにハンディキャップを知らせたり、賭金の申込みを受けたりし、また、集計をして賭金の回収や配当金の支払いを行っていたもので、犯行に不可欠な役割を担っていた。

|解|説|

　本件は、当時暴力団組員であった犯人が、暴力団幹部ら共犯者2名と共謀の上、プロ野球の公式戦や高校野球の試合を対象にした野球賭博の胴元となり、賭客らに賭博をさせた賭博開張図利の事案である。

　本件グループは野球賭博により毎週20万円前後の利益を上げており、本件犯人はその四分の一程度というそれなりの分け前を得ていた。

豆知識㉟　賭博開張

　賭博場を開張して利を図ること。開張とは、賭博の主宰者として、その支配下で賭博をさせる場所を提供することをいう。必ずしも、一定の場所に集合させることを要せず、電話により賭客の申込みを受けて行った場合も、賭博開張に該当する。

みかじめ料返還の民事請求

名古屋地裁平成29年3月31日判決

根拠法条：民法709条、715条、暴力団対策法31条の2
参考文献：裁判所 web

ポイント　長期間・多額にわたるみかじめ料の返還請求

事案概要

　Xは、名古屋市内で飲食店（クラブ）を経営していたが、暴力団幹部Zから、平成10年8月初め頃から22年8月25日までの間に、合計145回にわたり、みかじめ料の支払を要求され、これに応じて合計1,085万円の支払を余儀なくされた。

　Xは、みかじめ料の要求は「威力利用資金獲得行為」に該当し、暴力団組長YはZの使用者に該当するなどと主張し、Zに対しては不法行為責任に基づく損害賠償請求として、Yに対しては使用者責任及び暴力団対策法に基づく損害賠償請求として、Yらに対して連帯して2,258万円余（みかじめ料1,085万円、遅延損害金523万円、慰謝料500万円、弁護士費用150万円）の支払を請求した。

判決要旨　　Yらは、Xに対し、連帯して1,878万円余を支払え。

　Xは、平成10年8月当時、みかじめ料について、その支払を拒んだ場合には、暴力団員らから、クラブの経営を継続できなくなるような嫌がらせを受けたり、クラブの従業員や客の身体に危害を加えられたりするおそれがあると認識していた。Zは、Xに対し、毎月25日にZの部下がお金を取りに来るため、10万円を渡すよう強い口調で言い、Xを畏怖させて10万円を交付させ、その後の営業期間においても、Xの畏怖状態を利用して、継続的に月5万円、7万円又は10万円の金銭を支払わせていた。

　本件パーティにおいて「払わなければ放火されるぞ。」などとX経営のクラブや生命及び身体に対する危害を加えかねない旨の脅迫を行って畏怖させ、その後のクラブの営業期間においても、Xの畏怖状態を利用して、継続

的に月３万円の金銭を支払わせていた。

　このようなＺの本件徴収行為は、Ｘの意思決定の自由を奪って、Ｘの意思に反した財産処分を強制する行為であり、Ｘの意思決定の自由及び財産を侵害する行為に当たる。

　本件徴収行為の態様、すなわち、Ｘに対し、クラブ開店時に暴力団の威力を利用して畏怖させ、定期的なみかじめ料の支払を強要し、その後もＸの畏怖状態を利用して、継続的にみかじめ料の支払を強要し、本件パーティにおいて、「新しい店に替わっても、若い衆に取りに行かせるよ。払わなければ放火されるぞ。」などとさらに具体的な脅迫を行って、別のクラブを開店した後においてもみかじめ料の支払を継続させており、Ｘの財産が侵害されたというにとどまらず、Ｘの意思決定の自由が侵害されていた。

　本件徴収行為によりＸの被った精神的苦痛は金銭的な慰謝に十分に値するところ、その慰謝料額については150万円とするのが相当である。

解説

　暴力団組員は、暴力団の威力を背景に飲食業者等にみかじめ料（名目は、用心棒代、カスリ、守代、所場代等）を支払わせる。そのみかじめ料として得た金は、上部組織に上納され、当該暴力団組織の運営及び維持に使用される。

　本件で、みかじめ料を取り立てていた暴力団幹部は、受領していた金銭は「守料」であり、守料は縄張りとは関係なく、面倒見の対価として受領したものであると主張した。しかし、本判決では、被害者が渡していた金銭は暴力団が金銭管理しており、みかじめ料にほかならないと判断された。

豆知識㊱　みかじめ料

　暴力団の不法資金源の一つで、勢力範囲である縄張り内の各種営業者から、営業を認める対価として、守料、あいさつ料、用心棒代、ショバ代等の様々な名目で支払わせている金銭のことをいう。暴力団対策法では、暴力的要求行為の一つとして禁止しており、中止命令の対象行為となっている（暴力団対策法９条、11条）。

条例違反の用心棒代受供与

名古屋地裁平成30年8月6日判決

> 根拠法条：刑法60条、愛知県暴力団排除条例23条2項、29条3号
> 参考文献：ＷＪ

ポ イ ン ト　**暴力団の資金源確保における共謀**

事 案 概 要

　Ｓは、指定暴力団甲組乙会丙組若頭であった。Ｓは、甲組傘下の丁会理事長補佐であるＭらと共謀して、平成29年4月25日頃、愛知県暴力団排除条例により暴力団排除特別区域として定められている名古屋市内の特定接客業である飲食店「ｆ店」を営むＡから、同店の事業に関し、顧客その他の者との紛争が発生した場合に用心棒の役務の提供をすることの対償として現金3万円の供与を受けた。Ｓは、同時期に、特定接客業である店舗型性風俗特殊営業店「ｈ店」等4店舗を実質的に経営するＢから、同様の趣旨で現金合計40万円の供与を受けた。さらに、Ｓは、同時期に同様な趣旨で、特定接客業である飲食店を営むＣから現金3万円、社交飲食店を実質的に経営するＤから現金3万円、同じく社交飲食店を営むＥから現金3万円の供与を受けた。

　また、Ｓは、丁会相談役であるＯらと共謀して、Ｏ方に設置されている玄関ポストに投函させる方法により、上記同様の趣旨で、特定接客業である飲食店を営むＦや、店舗型性風俗特殊営業店等3店舗を実質的に経営するＧらから、現金合計42万円の供与を受けた。

　Ｓは、愛知県暴力団排除条例違反で起訴された。公判において、Ｓは、これらの犯罪行為や共謀に関与していないなどと主張した。

判 決 要 旨　**有罪（懲役1年）**

　平成28年10月、乙会の執行部の一員であった暴力団幹部が管理するパソコンが差し押さえられた。同パソコンのデータには、次のような記載があった。

①「h24、12、14」「担当者変更」「Y→S」

②「h27、10、1」「s興業分はw興業でしたが、今月より丁会が一緒に持って来る」

③「f店」「丁会　理事　M」「S（協）」

④「h店」「丁会　理事　M」「S（協）」

　本件データには、犯罪事実記載の飲食店又は風俗店が記載されているのみならず、肩書又は丁会への変更記載等から、本件データは、用心棒代の管理を目的として作成されたものであることが強く推認される。

　本件データに記載された①の記載は、用心棒代の徴収あるいは管理に関する乙会側の責任者が、平成24年12月頃、YからSに変更されたことを意味し、Sがその頃から用心棒代の徴収あるいは管理に関する乙会側の責任者を務めていた事実が認定できる。

　乙会において、S以外に用心棒代の徴収あるいは管理に関与した者が皆無であるとはおよそ考えにくく、本件データの作成及び管理もS以外の者が行っていたと認められることからすると、本件各犯行において、S、M又はOのみならず、乙会構成員である氏名不詳者との共謀も証拠上優に認定できる。

解説

　本件は、指定暴力団構成員による共謀でのいわゆる用心棒代受供与の事案である。暴力団の威力を背景として、活動資金の確保を企図した組織的かつ反社会的な犯行である。供与を受けた現金は、15店舗分、合計94万円と多額であった。

豆知識㊲　威力利用資金獲得行為

　暴力団の威力を利用して生計の維持や財産の形成等のため資金獲得を行う行為。被害者からの責任追及に際して、指定暴力団の代表者等に対する立証責任が軽減されている（暴力団対策法31条の2）。

69 特殊詐欺と威力利用資金獲得行為

水戸地裁令和元年5月23日判決

> 根拠法条：暴力団対策法31条の2
> 参考文献：裁判所 web

|ポ|イ|ン|ト|　暴力団員主導の特殊詐欺被害の責任追及

|事|案|概|要|

　Hは、指定暴力団Y会に所属し、特殊詐欺グループに関与していた。Hは、知り合ったJに対し、特殊詐欺の受け子となるよう複数回にわたって要求したが、Jは逮捕の危険があることから断っていた。すると、Hは、Jに対し、受け子を探してくるよう要求した。Jは、地元の後輩を頼って受け子を探したところ、Kが引き受けた。Kは、Hの主導する特殊詐欺グループに加わった。

　甲（当時73歳）は、平成28年7月31日から8月2日までの間、氏名不詳者から複数回電話を受け、甲の姪の子が現金300万円を至急必要としているので、代わりに行く郵便局員に渡してもらいたい旨のうそにだまされ、現れたKに現金300万円を交付した。

　乙（当時90歳）は、同年8月3日、氏名不詳者から複数回電話を受け、乙の孫が現金400万円を至急必要としているので、代わりに行く郵便局員に渡してもらいたい旨のうそにだまされ、現れたKに現金200万円を交付した。

　これらの特殊詐欺行為の刑事処分に関しては、Kは懲役2年の実刑判決、Hは懲役4年の実刑判決を受け、Jは詐欺行為幇助で懲役2年・執行猶予4年・保護観察付の判決を受けた。

　甲及び乙は、指定暴力団Y会の元会長V及び次期会長Wに対して、本件特殊詐欺は暴力団の「威力利用資金獲得行為」に該当し責任があるとして、損害賠償を請求した。

判|決|要|旨　　Ｖらは、連帯して、甲に対し363万円、乙に対し242万円を
支払え。

　　Ｊは、平成28年頃、Ｈから受け子を探すよう要求された際、Ｈからの要求
を拒否すれば何かされるのではないかと考え、これを引き受けたものであ
る。Ｊは、ＨがＹ会の暴力団員であることを認識し、Ｈを恐れていたと認め
られ、Ｈも当然にＪの認識を了知していたと推認される。
　　そうすると、Ｊは、Ｈの所属するＹ会の威力を恐れて本件詐欺行為の受け
子を探すことを引き受け、受け子としてＫをＨに紹介したことにより、本件
詐欺グループが構成され、本件詐欺行為が実行されたという関係にあると認
められる。
　　したがって、Ｙ会の指定暴力団員であるＨが、Ｙ会の威力を利用して、Ｊ
に受け子を探させ、Ｊが紹介した受け子と本件詐欺グループを構成したこと
により実行された詐欺行為は、暴力団対策法31条の２にいう「威力利用資金
獲得行為」に該当すると認める。よって、Ｖ及びＷは、本件詐欺行為を行う
について甲らに生じた損害を賠償する責任を負う。

解|説

　　本件は、特殊詐欺の被害を受けた被害者らが、詐欺グループを主導した犯人が
指定暴力団員であり、暴力団の威力を利用して詐欺行為を行ったとして、当該指
定暴力団の代表者らに損害賠償を請求し、認容された事案である。
　　指定暴力団は、暴力団員が組織の威力を利用して生計維持、財産形成又は事業
遂行のための資金を得ることができるようにするため、当該暴力団の威力を構成
員らに利用させ、容認することを目的として、代表者等の統制の下に階層的に構
成されている団体という性質を有する。
　　暴力団対策法31条の２は、指定暴力団の代表者等に配下の構成員らの威力利用
資金獲得行為に係る損害賠償責任を負わせるものとし、民法の規定による使用者
等の損害賠償責任を追及する場合の立証の負担を軽減することとした。

暴力団同伴者のゴルフ場利用

70

最高裁平成26年3月28日決定

> 根拠法条：刑法60条、246条2項
> 参考文献：判時2244号

ポイント　財産的処分行為をするための基礎となる重要事項の偽り

事案概要

　本件ゴルフ倶楽部では、暴力団員や交友関係のある者の入会を認めておらず、入会の際には暴力団等との交友関係に関するアンケートの回答を求めるとともに、暴力団等とは一切関係がないと記載された誓約書に署名押印させた上、提出させていた。ゴルフ場利用約款でも、暴力団員の入場及び施設利用を禁止していた。共犯者Dは、平成21年6月頃、本件ゴルフ倶楽部の入会審査に際して、アンケート項目に対し「ない」と回答して誓約書に署名押印して提出し、ゴルフ倶楽部会員となった。

　Rは暴力団員であり、ゴルフ場の施設利用を拒絶される可能性があることを認識していたが、Dから誘われ、同伴者として本件ゴルフ倶楽部を訪れた。本件ゴルフ倶楽部の利用約款では、利用客はフロントにおいて名簿に自署して施設利用を申し込むこととされていた。しかし、Dは、施設利用の申込みに際してRが暴力団員であることが発覚するのを恐れ、自分についてはメンバー用名簿に署名しながら、Rら同伴者5名については、予約承り書の組み合わせ欄に氏又は名を交錯させるなどして乱雑に書き込んだ。そして、従業員に渡して名簿への代署を依頼し、Rが署名しないで済むようにした。

　このため、会員の同伴者である以上、暴力団関係者は含まれていないと信じた従業員をして、施設利用を許諾させた。Rは、本件ゴルフ倶楽部に到着後、クラブハウスに寄らず、直接練習場に行って練習を始め、Dに施設利用の申込みを任せていた。その後、Rはフロントに立ち寄ることなく、プレーを開始した。Rの施設利用料金等は、Dがクレジットカードで精算した。

　Rは、ゴルフ場利用詐欺で起訴された。原審は、Rを有罪（懲役1年6月・執行猶予3年）とした。Rが上告した。

決|定|要|旨　**上告棄却**

> 　入会の際に暴力団関係者の同伴、紹介をしない旨誓約していた本件ゴルフ倶楽部の会員であるDが、同伴者の施設利用を申し込むこと自体、その同伴者が暴力団関係者でないことを保証する旨の意思を表している。利用客が暴力団関係者かどうかは、本件ゴルフ倶楽部の従業員において、施設利用の許否の判断の基礎となる重要な事項である。
>
> 　同伴者が暴力団関係者であるのにこれを申告せずに施設利用を申し込む行為は、その同伴者が暴力団関係者でないことを従業員に誤信させようとするものであり、詐欺罪にいう人を欺く行為にほかならず、これによって施設利用契約を成立させ、Dと意を通じたRにおいて施設利用をした行為が刑法246条2項の詐欺罪を構成することは明らかである。Rに詐欺罪の共謀共同正犯が成立するとした原判断は、結論において正当である。

解|説

　本件は、暴力団員が、ゴルフ倶楽部会員と共謀の上、真実は暴力団員であるのにそれを秘し、ゴルフ場の施設利用を申し込み、同倶楽部従業員をして暴力団員でないと誤信させ、ゴルフ場利用契約を成立させた上、ゴルフ場施設を利用させ、もって、人を欺いて財産上不法の利益を得た事案である。

　なお、暴力団関係者のゴルフ場利用に関して、ビジター利用客が暴力団関係者であることを申告せずに、一般利用客と同様に、氏名を含む所定事項を偽りなく記入した受付表等をフロント係従業員に提出して施設利用を申し込む行為については、詐欺罪にいう人を欺く行為に当たらないとして、無罪とした判例もある（最高裁平成26年3月28日判決）。

裁判員への声掛け

71

福岡地裁平成29年1月6日判決

> 根拠法条：裁判員法106条1項、107条1項
> 参考文献：判時2348号

ポイント　裁判員裁判制度の根幹の課題

事案概要

　Yは、特定危険指定暴力団G会H組若頭Uの親交者であり、平成28年5月10日、福岡地裁小倉支部で行われたUに対する殺人未遂被告事件の第1回公判を傍聴していた。被告Uは、第1回公判において殺意を争っていた。

　Yは、公判終了後、裁判員A及びB（いずれも44歳の女性）がバス停に歩いて向かう途中、声を掛け、その後バイクで走り去った。Yの話し掛けはごく短時間であり、その態様も殊更威圧的ないし脅迫的なものではなかった。

　第2回公判が開かれた同月12日、裁判員A及びBが、裁判所職員に対し、上記声掛けの事実を説明し、本件が発覚した。その後、Uに対する殺人未遂被告事件については、職務の続行に不安を感じた裁判員による辞任の申出が相次ぎ、最終的には裁判員裁判対象事件から除外された。

　Yは、裁判員法違反で起訴された。

判決要旨　有罪（懲役1年・執行猶予3年）

　証拠によれば、Yは、裁判員らがUに対する殺人未遂被告事件の裁判員であると知っていたこと、Uの親交者としてUを助けたい一心であり、Uに対する刑が重くなるという事態は避けたいと考えていたこと、自らがG会の下部組織幹部であるUの同級生であることを示しながら、「顔は覚えとる」「よろしくね」などと発言したこと、Yと裁判員らとの間に面識はなかったことが認められる。

　これらの事実関係によれば、Yは、自らの行為により裁判員らがG会の親

交者に顔を覚えられたなどの不安や困惑を覚えることは認識していたと認定
できる。また、Yによる「よろしくね」との発言の趣旨は、Uに対する殺人
未遂被告事件について、裁判員らに対し、Uに有利な判断をしてほしいとい
う依頼の意味であり、Yはこの意味を分かって上記発言に及んだと認定でき
る。Yによる行為が、裁判員らに対する単なる挨拶や知己を得るなどという
意図でなされたとは到底認められない。

　以上によれば、Yには、威迫罪及び請託罪の故意が認められる。

解説

　本件は、特定危険指定暴力団の下部組織幹部の殺人未遂被告事件に関し、同人
の親交者が事件の裁判員らに話し掛け、不安や困惑を生じさせた上、裁判員の職
務に関して請託を行った事件である。

　本件で関係した暴力団は、一般市民に危害を加える事件も起こしてきたとして
知られる組織であり、その下部組織幹部の親交者による話し掛け行為自体が、裁
判員らに強い恐怖感を与え得る悪質なものであった。本件犯人は、直前に知人か
ら、裁判員に話し掛けることを制止されたにもかかわらず、話し掛けを行ってお
り、裁判員に働き掛けようとする意思は強固なものがあった。

　いずれにしても、裁判員の安全・安心を確保することは、裁判員裁判制度の根
幹に関わる重大問題であると考えられる。

豆知識㊳　特定危険指定暴力団

　危険行為を繰り返し市民の生命・身体に重大な危害を加えるおそれから、指定暴力
団の中でも公安委員会が特に指定する組織。特定危険指定暴力団は特別警戒の対象と
され、組事務所の新設や立入り、対立暴力団組員へのつきまとい等が規制されている
（暴力団対策法30条の8、30条の9）。

暴力団の威力誇示

福岡地裁小倉支部平成30年10月3日判決

> 根拠法条：刑法60条、福岡県迷惑行為防止条例7条、12条
> 参考文献：WJ

ポイント　条例違反の暴力団による示威行為

事案概要

　Aは暴力団G会常任相談役、MはG会総裁秘書、BはG会事務室長、NはG会直若、CはG会直若、DはG会上席専務理事、EはG会常任理事であった。G会は、かねてから縄張りと称する北九州市内の繁華街において「夜回り」と称する示威行為を行っていた。

　Mらは、平成30年6月16日夕刻、北九州市内の繁華街の付近道路2箇所において、スーツ姿で周囲を見回しながら、横に広がって、うろつき、たむろし、周辺の飲食店関係者らに対し声を掛けるなどした。その状況は、付近の防犯カメラに映っていた。

　M及びNは、福岡県迷惑行為防止条例違反で起訴された。

判決要旨　有罪（M及びNはそれぞれ罰金80万円）

　M及びNは、A、B、Cと共謀の上、平成30年6月16日午後8時8分頃から午後9時18分頃までの間、G会に対して畏怖心を抱いている飲食店関係者ら公衆が多数通行する北九州市内繁華街の付近道路において、スーツ姿で、周囲を見回し、横に広がって、公衆の円滑な進行を阻害するなど、MらがG会組員であることを推知させる状態でうろつき、かつ、たむろした。その間、路上において、NがG会組員であることを知悉している飲食店関係者に対し、「最近街はどうだ。半グレみたいなやつが多いだろ。半グレが多いから、こうして俺らが街を歩かないといかんのや。」旨声を掛けるなどして、暴力団の威力を示すなどし、もって公共の場所において、多数でうろつき、

かつ、たむろして、公衆に対し、不安を覚えさせるような行為をした。

　M及びNは、A、B、C、D、Eと共謀の上、同日午後9時43分頃から午後10時20分頃までの間、別の北九州市内繁華街の付近道路において、上記同様に、スーツ姿で、周囲を見回し、横に広がって、公衆の円滑な進行を阻害するなどした上、路上において、Dが飲食店関係者に対し、「どう、もうけているか」「半グレは入ってきていないか」旨声を掛けるなどして、暴力団の威力を示すなどし、公共の場所において、多数でうろつき、たむろして、公衆に対し、不安を覚えさせるような行為をした。

解説

　本件は、暴力団構成員らが、縄張りとして主張している繁華街において「夜回り」と称する示威行為を行い、条例違反に問われた事案である。

　福岡県迷惑行為防止条例では、県民等の平穏な生活を保持するため、ダフヤ行為、景品買取行為、不当な客引き行為等の禁止などに加えて、粗暴行為の禁止が定められている。この粗暴行為の禁止においては、公共の場所等において、暴力的性向をほのめかして言い掛かりをつけ、すごむことを禁止するとともに、暴力団の威力を示して立ちふさがり、にらみつけるなどの不安を覚えさせるような行為も禁止している（7条）。これらの罰則は、6月以下の懲役又は50万円以下の罰金である（11条）が、常習として行った場合は、1年以下の懲役又は100万円以下の罰金とされている（12条）。

豆知識㊴　　所持品検査

　警察官が職務質問に付随して、対象者の所持品を調べること。警職法上、所持品検査の根拠規定は設けられておらず、相手方の承諾を得て行うのが原則である。しかし、相手方の承諾がなくても、必要性、緊急性、相当性がある場合には、所持品検査が許容される場合がある（最高裁昭和53年6月20日判決）。

対立組織会長宅への自動車突入

旭川地裁平成28年6月9日判決

根拠法条：刑法260条
参考文献：WJ

ポイント　建物シャッターへの自動車衝突

事案概要

　甲組と乙組との間では、平成27年8月にいわゆる分裂騒動が発生した後、全国各地で多数の抗争事件が発生していた。Vは、乙組傘下の丙会会長である。丙会の上部組織は、もともと甲組傘下にあったが、甲組を離れて乙組傘下に入った。それに伴い、丙会は乙組の3次組織となった。Vは、もともと旭川を活動拠点としていたが、分裂騒動の頃から東京に拠点を移し、平成28年2月25日頃、関係者とともに旭川へ戻った。

　一方、甲組傘下の2次組織である丁会幹部らは、同年3月1日、Vらが旭川に来ていることを知り、旭川市内にある丙会事務所やVの住居周辺において、丙会関係者らの動静を監視するようになった。そして、Qらは、活動拠点のある釧路から旭川市内の丁事務所に駆け付け、丙会事務所の見張りをし、Vの車両を追跡するなどした。また、Qは、立ち寄り先で丙会関係者らと口論を起こし、警戒中の警察官らに制止された。

　Qは、3月3日午前3時過ぎ、本件自動車を運転し、Vの住居に向かった。本件自動車は、比較的大きな車体のステーションワゴンであった。また、Vの住居は、商店や一般住宅が立ち並ぶ地域にある鉄筋コンクリート造3階建ての建物で、1階部分が車庫、2階及び3階部分が居室となっており、車庫部分にはスチール製シャッターが設置されていた。本件当時、警察官が近くの空き地に捜査用車両を停めて警戒に当たっていた。

　Qは、午前3時53分頃、本件自動車を運転して、一旦Vの住居建物の前を通り過ぎた後、停止し、後退し始めた。そのままVの住居建物に近づくと、ハンドルを切りながら急加速し、自動車後部を建物1階のシャッターに衝突させた（損害見積額6万4,800円）。Qは現行犯逮捕され、建造物損壊で起訴された。

判決要旨　有罪（懲役1年6月）

Qについては、甲組傘下の丁会構成員であり、甲組と乙組が全国各地で多数の抗争事件を発生させている中、乙組傘下の丙会関係者らが旭川入りしたことをきっかけに、その動静監視に当たるようになったこと、丙会関係者と口論を起こして警察官に制止されるほどに、丙会関係者らに対し敵対的、攻撃的な態度を示していたこと、本件自動車を運転して、一旦V住居建物の前を通り過ぎた後、7メートルほど進行したところで停止し、後退し始め、V住居建物に近づいたところでハンドルを切りながら急加速し、本件自動車後部をV住居建物1階の東側シャッターに衝突させたことなどの事情が認められる。

加えて、Qが、警察官に現行犯逮捕された際、他の丁会構成員から声を掛けられ、笑顔で写真撮影に応じていたことも考え併せれば、Qは、自らがいわゆるヒットマンになることにより、丁会における自己の地位を向上し、強化させようとの意図の下、故意に、敵対組織の会長宅である建物に本件自動車を突入させて、本件に及んだものと推認できる。

解説

本件は、全国組織の暴力団が分裂騒動を起こし、各地で対立抗争事件が引き起こされている中で、傘下組織の構成員がヒットマンとなり、敵対組織の会長宅に車体の大きい普通車を突入させ、建物1階のシャッターに車両を衝突させた事案である。

対立組事務所へのけん銃撃ち込み

福井地裁平成29年6月12日判決

根拠法条：刑法60条、銃刀法3条1項、3条の13、31条1項、31条の3
参考文献：WJ

ポ イ ン ト 　　**黙示の意思による共謀**

事 案 概 要

　本件当時、G、F、Jはいずれも戊組に所属し、Gは戊組若頭（組長に次ぐ地位）、Fが幹事、Jが外若の立場にあった。

　平成27年8月、甲組から多数の二次団体が離脱して新たに乙組を結成したが、戊組は甲組に残留し、N組は乙組に参加した。その後、甲組と乙組との間では、全国各地で組員の引き抜き、乱闘騒ぎ、にらみ合い等が繰り返され、対立抗争状態となっていた。Gも、遅くとも平成27年12月末頃には、戊組組員に対し、両組織間のいさかいについて話題にしていた。

　Fは、平成28年1月の終わり頃までに、乙組傘下組織に対して行動を起こそうと考えた。Fは、自己に土地勘があり、知名度もある福井県内のN組を標的にするとともに、凶器を準備しようと考え、Gに対し「道具を用意して下さい。」などと告げた。Gは、「道具」とはけん銃のことであり、FがN組事務所等にけん銃で発砲することを想定しているものと認識した。

　Gは、2月22日、回転弾倉式けん銃及び実包10発の入った紙袋をJに渡すとともに、連絡用のスマートフォンをFに手渡した。Fは、スマートフォンで指示を受け、Jが経営するラーメン店に赴いて、けん銃等を受け取った。Fは、2月23日、声明文をポストに投函後、本件けん銃でN組事務所に向けて弾丸4発を発射し、隣接駐車場の普通自動車に向けて弾丸1発を発射した。

　Gは、Fと共謀して、けん銃を発射したなどとして銃刀法違反（発射罪および加重所持）で起訴された。

判決要旨　有罪（懲役7年）

　　Gは、甲組と乙組との間の抗争状態を話題とする中で、「誰か行ってくれる奴いないかな。」と発言し、これを受けて、FからN組に行くので道具を用意してほしいなどと依頼されると、少なくともこの時点では、Fが本件事務所等に発砲する意図を有しているのを認識した。

　　その後、Fに本件けん銃等を受け渡すことを決意し、2月20日に連絡手段である本件スマートフォンを渡し、22日には、弾丸を除外することなく、Jを介して本件けん銃等をFに渡し、Fが当初の計画どおりに本件けん銃を発射している。

　　これら一連の事実からすれば、特段の事情のない限り、Gは、Fが乙組関係者に対する報復行為として本件事務所等に発砲することを認識・認容した上で、Fに本件けん銃等を渡したと考えるのが自然であり、遅くとも2月20日頃までには、Fとの間で、発射行為についても黙示に意思を通じ合わせていたと推認するのが相当である。

解説

　本件は、暴力団同士の対立抗争の一環として、対立組織の組事務所にけん銃を撃ち込んだ事案である。

　本判決では、暴力団組織で組長に次ぐ地位にある犯人が、組員に対して声を掛け、実行行為を行う者を誘って、その者にけん銃等を用意してけん銃の発射行為に協力しており、実行犯と意思を通じて共謀して行ったものと判断されている。

豆知識⑩　　間接事実

　刑訴法上、厳格な証明が求められる要証事実（構成要件に該当し、違法・有責な事実で、証明を必要とする事実）の立証の媒介となる事実。間接事実を証明する証拠は、間接証拠である。

反社会的勢力との取引拒絶

75

大阪高裁平成25年7月2日判決

> 根拠法条：刑法246条1項
> 参考文献：判タ1407号

ポ イ ン ト　　**金融機関における取引拒絶規定の合憲性**

事 案 概 要

　A信用金庫の普通預金規定には、預金者が暴力団員等の反社会的勢力に該当する場合には、預金口座の開設を拒絶することとし、既存の預金口座は解約することができるとする「反社会的勢力との取引拒絶規定」が定められていた。同規定は、預金口座名義人が法人である場合には、当該法人の役員等を含むものとして取り扱われていた。

　指定暴力団Ⅰ組傘下の暴力団に属するTは、自己が暴力団員であることを秘して、A信用金庫B支店において、同支店に開設されたC株式会社名義の普通預金口座について、その代表者を自己名義に変更するに当たり、「私は反社会的勢力でないことの表明・確約に同意します。」旨記載された項目の表明・確約欄に押印した届出事項変更届を提出するなどして、通帳の切り替えを申し込み、係員から、Tを代表者とするC社名義の普通預金通帳の交付を受けた。

　Tは、詐欺罪で起訴された。1審は、Tを有罪（懲役4月）とした。Tが控訴し、金融機関における暴力団員等の反社会的勢力との取引拒絶規定は、憲法22条1項が保障する経済活動の自由（営業の自由）を侵害するなどと主張した。

判 決 要 旨　　**控訴棄却（確定）**

　本件取引拒絶規定は、取引拒絶の対象として、暴力団、暴力団員、暴力団準構成員、暴力団関係企業、総会屋等・社会運動等標ぼうゴロ、特殊知能暴力集団等及びその他これらのいずれかに準ずる者を列挙している。こうした反社会的勢力の意義及び範囲は、組織犯罪対策要綱に依拠するものと認めら

れるほか、暴力団及び暴力団員の定義は、暴力団対策法2条2号、6号に定められているから、取引拒絶対象の範囲は明確であり、同法3条に基づく指定暴力団I組傘下の暴力団に所属するTが暴力団員に該当することは明らかである。

　本件取引拒絶規定によって反社会的勢力に属する者の経済活動の自由が大きく制約されるとしても、この不利益は、その者が反社会的勢力との関係を断絶することによって容易に回避できるものであるから、生存権に影響を及ぼすような重大な不利益とはいえないし、あえて反社会的勢力にとどまろうとする者にとっては、反社会的勢力による企業の被害を防止し、市民生活の安全と平穏を確保するという高い公共性を有する本件取引拒絶規定の目的を達成する上で甘受せざるを得ない不利益ともいうべきである。

　本件取引拒絶規定による反社会的勢力に属する者の経済活動の自由に対する制約は、正当な目的及び十分な必要性が認められ、その目的を達成する手段としても合理的なものといえるから、本件取引拒絶規定は憲法22条1項を始めとする憲法の趣旨にも適合する。

解説

　本判決では、金融機関における暴力団員等の反社会的勢力との取引拒絶規定は、正当な目的及び十分な必要性が認められ、手段としても合理的なものとして、憲法22条1項が保障する経済活動の自由（営業の自由）を侵害するものではないと判示された。

　そして、株式会社の代表者が反社会的勢力に属するか否かは、本件信用金庫の係員らにおいて、新たに預金通帳を交付するか否かを判断する上で基礎となる重要事項といえるから、犯人が暴力団員等の反社会的勢力でない旨の関係書類を提出した行為は、詐欺罪における人を欺く行為に該当すると判断した。

暴力団事務所の使用禁止命令

76

京都地裁平成29年9月1日決定

根拠法条：民事保全法24条
参考文献：裁判所web

ポイント　人格権に基づく建物使用禁止請求

事案概要

　甲組は、平成26年末時点で構成員等が合計2万3,400人に及ぶ日本最大の指定暴力団であり、全暴力団構成員等の約4割超を占めていた。平成27年8月、13人の直系組長が甲組を離脱し、暴力団乙組を結成して分裂・対立状態となった。

　甲組が分裂して以降、6代目P会内において、乙組に近いVとそれを支持する構成員、甲組に近いSとそれを支持する構成員との間に内部対立が生じていた。このような状況下で、Vは詐欺罪により実刑判決を受けて将来収監が予想されることになり、しかも75歳と高齢でもあったことから、P会長の後継者を巡る紛争が表面化した。Sは、自身が会長を務める暴力団事務所である丙建物（鉄骨造3階建て）において、自らがP会7代目会長に就任する旨の継承式を開催し、以後、7代目P会本部として使用している。

　丙建物の近隣に居住する住民Xらは、ひとたび丙建物で暴力団の抗争事件が生じれば、その生命、身体に危険が及ぶ蓋然性が高いことから、丙建物をSらが指定暴力団の事務所等として使用しないよう仮処分を求めた。

決定要旨　丙建物につき、指定暴力団P会の事務所又は連絡場所等として使用してはならない。

　丙建物は、第1種住居地域に指定された住宅街に所在し、Xらはいずれも丙建物から約500メートル以内の距離に居住していることから、Xらは日常的に丙建物付近を往来しているものと推認でき、ひとたび丙建物で暴力団の抗争事件が生じれば、その生命、身体に危害が及ぶ蓋然性は高い。

　そして、丙建物は、長年にわたり、Sが会長である暴力団事務所として使用されているだけではなく、現在は、正統な7代目P会会長であると主張するSにより、同会事務所としても使用されている。

　P会においては、後継者をめぐり、SとVとが共に正統な7代目会長を名乗って相容れない状況下にあり、内部的に強い緊張状態にある。P会のこのような状態は、単なるP会の内紛にとどまるものではなく、甲会と乙会との分裂騒動と密接に関連しており、実際に、平成29年1月には、S及び甲会関係者とV及び乙会関係者との間で衝突が起きた。

　現在、丙建物又はその周辺において、Sやこれを支持する者が攻撃を受けるなど、暴力行為を伴う抗争事件が生じる蓋然性が高く、その際には一般市民にも被害が及びかねない危険な攻撃が行われる可能性も十分にある。

　丙建物から約500メートルにすぎない範囲に居住するXらにとっては、生命、身体又は財産に被害を生じる蓋然性も認められ、人格権として平穏に生活する権利が受忍限度を超えて侵害されている。

解説

　本件は、暴力団対策法32条の5により認定を受けた暴力追放運動推進センターが、暴力団事務所として使用されている建物の近隣住民の委託を受けて、近隣住民らの平穏に生活する権利が侵害されているとして、人格権（妨害排除請求権）に基づき、その建物を暴力団事務所等として使用することの禁止の仮処分を求めた事案である。

　暴力団は、その性格として、団体の威力を利用して暴力団員に資金獲得活動を行わせて利益の獲得を追求する。暴力団にとって、縄張りや威力、威信の維持は、その資金獲得活動に不可欠のものであるから、他の暴力団との間に緊張状態が生じたときには、これに対する組織的対応として暴力行為を伴った対立抗争が生ずることが不可避である。

第5

薬物・銃器犯罪

77　大規模な覚醒剤密輸入

福岡地裁平成22年5月18日判決

> 根拠法条：刑法60条、覚醒剤取締法41条、関税法109条、麻薬特例法8条1項
> 参考文献：裁判所 web

ポイント　国際的な大量の覚醒剤密輸入

事案概要

　Hは、Aらと共謀の上、覚醒剤をみだりに輸入する意思をもって、海上において覚醒剤として交付を受けた結晶約500キログラムを船籍不明の船舶からシエラレオネ共和国籍の貨物船甲号に積み込んだ上、平成19年12月6日頃、福岡県内の海岸壁において、接岸した同船からナイロンバッグ等に入れた上記結晶を陸揚げし、規制薬物として交付を受けた物品を本邦に輸入した（①事件）。

　また、Hは、Aらと共謀の上、営利の目的で、覚醒剤をみだりに輸入する意思をもって、海上において茶袋598袋に詰められた覚醒剤の結晶約298キログラムを船籍不明の船舶からシエラレオネ共和国籍の貨物船乙号に積み込んだ上、平成20年11月11日頃、北九州市内の海岸壁において、接岸した同船からナイロンバッグ14個に入れた上記覚醒剤を陸揚げし、本邦に輸入した。そして、Hらは、覚醒剤を保税地域から搬出しようとしたが、付近を車両が巡回していたため搬出できず、覚醒剤を密輸入する目的を遂げなかった（②事件）。

　さらに、Hは、11月15日、東京都内において大麻約0.9グラムを所持した。

　Hは、覚醒剤取締法違反、関税法違反、大麻取締法違反等で起訴された。

判決要旨　有罪（無期懲役、罰金800万円）

　Hは、①事件、②事件とも、密輸船の入港予定に合わせて日本に帰国していること、①事件の際には密輸船の入港予定地に合わせて鹿児島県内の港から福岡県内の港に赴いており、②事件では当初の入港予定日に合わせて帰国して北九州市を訪れ、乙号が故障によって入港が遅れていたため、一旦出国

した後に、再び入港予定に合わせて帰国し港に赴いていることが認められる。

　Hは、①事件、②事件において、随行者を自分の独断で決め、Oに覚醒剤運搬用のワゴン車を準備させた上、そのワゴン車で覚醒剤受取予定の港に赴き、現地ではホテルに宿泊滞在し、自分でレンタカーを借りて一人で下見をし、密輸船の責任者であるインドネシア人船員と会って、具体的な受取場所の選定などをしている。

　そして、①事件においては、覚醒剤様の物品を自動車の荷室に積み終えると、Iらを随行したのみで密輸物品を関東まで運搬し、各所を自動車で走り回っている。そして、9日には出国している。

　これらHの行動からすると、Hは本件密輸の日本における受取役として、覚醒剤の受取りのために帰国し、①事件では覚醒剤として受け取った物品を関係各所に届けて回ったものとの推認が合理的に成り立つ。

　このように、Hは、覚醒剤を日本で受け取るだけでなく、密輸入の目的ともいうべき日本国内への流通に関し、国内での運搬と配送にも関わっていたと推認され、各犯行の遂行において実行担当者として主要な役割を担ったといえる。

解説

　本件は、覚醒剤として交付を受けた物品約500キログラムを貨物船で本邦に密輸入し、その約1年後、同様の手口で覚醒剤298キログラム余りを本邦に密輸入した事案である。

　後者の事件では、覚醒剤を日本に運搬する犯罪組織が主導し、密輸船のインドネシア人の船員を雇い、それら船員が中国で用意された貨物船に乗り込み、香港沖の海上で別の船から覚醒剤を受け取って日本まで航行させ、覚醒剤を運搬させていた。

乳児への覚醒剤投与

78

福岡高裁平成29年7月7日判決

> 根拠法条：刑法199条、覚醒剤取締法41条の3
> 参考文献：裁判所 web

ポイント　覚醒剤の重大な危険性の認識

事案概要

　Yは、平成27年9月4日午前5時頃から午後0時20分頃までの間、熊本市内のホテル客室において、戊（当時生後3箇月）に対し、覚醒剤若干量を口から投与して身体に摂取させ、戊を覚醒剤中毒による循環障害等により死亡させた。Yは、当時戊及びその母親Cとともに、ホテル客室に滞在していた。

　Yは、殺人及び覚醒剤取締法違反（戊に対する覚醒剤の使用）で起訴された。1審は、Yを有罪（懲役16年）とした。Yは控訴し、戊の死因や殺人の故意等を争った。

判決要旨　控訴棄却

　覚醒剤は、人体に重大な害悪があるとして分量にかかわらずその使用等が法律で禁止されている危険な薬物で、用法や用量の次第では成人も容易に死亡するものである上に、乳幼児は成人に比べ薬物の影響を非常に強く受けることも明らかである。これらは社会常識に属するから、僅かであれ乳児に覚醒剤を摂取させることを認識していれば、殺意に欠けるところはないといえる。Yは、当然この点を認識していたから、原判決が殺人の故意を認めたことは正当である。

　弁護人は、Yには覚醒剤の致死量に関する知識がなかったというが、別段危険性の認識を妨げるものではない。Yは自らも頻繁に覚醒剤を使っており、成人が微量を摂取しても薬理効果があることは身をもって理解していたから、むしろ一般人以上に、戊が死に至る現実的な可能性を認識していたも

のと考えられる。

　犯行の態様は、抵抗の術を持たない生後僅か3箇月の乳児に違法薬物を摂取させるという手口は危険にして衝撃的なものというほかなく、積極的に戊の死亡を望んだとは認められないことを考慮しても、Yの刑事責任は相当重い。落ち度のない被害者1名に対する殺人事件における量刑傾向をみても、Yを懲役16年に処した原判決の量刑は相当であり、これが重過ぎて不当であるとはいえない。

解 説

　本件は、犯人が覚醒剤若干量を生後3箇月の乳児に摂取させて死亡させた事案である。

　被害者を司法解剖した医師によれば、被害者の体内から検出された覚醒剤成分の濃度は、確実な致死濃度とはいえないが、生理的反応に伴う症状を生じる可能性が高く、覚醒剤中毒を起こした状態である「中等度レベル」と判定された。そして、このレベルでも死亡に至るケースはあり、被害者が乳児で呼吸機能や循環機能が未熟なことから、その危険性は成人と比較して大きくなるとの見解を示した。その上で、被害者の臓器等にみられる所見からしても、その死因は覚醒剤中毒と認めるとの結論に至っている。

　なお、犯人らは、本件前後の時期に覚醒剤を繰り返し使用しているが、生後3箇月の乳児は周りの物をつかんで口に入れることはなく、こぼれ落ちていた覚醒剤を偶然口にするなどの経過があったとは考えられず、乳児は人為的に覚醒剤若干量を摂取させられたと判断されている。

豆知識㊶　自動車検問

　警察官が一定の場所で走行中の自動車を停止させて、運転者等に質問を行うこと。このうち、不審事由の有無に関わりなく、無差別に停止を求める一斉検問については、警察法2条1項の「交通の取締」を根拠として、任意手段による限り、一般的に許容されると解されている（最高裁昭和55年9月22日決定）。

79 監視付移転と追跡捜査

東京地裁平成30年7月30日判決

> 根拠法条：刑法60条、覚醒剤取締法41条、関税法69条の11、109条
> 参考文献：ＷＪ

|ポ|イ|ン|ト| 国際スピード郵便利用の覚醒剤密輸

|事|案|概|要|

　Ｓは、Ｆらと共謀の上、営利の目的で、平成29年4月1日頃、中華人民共和国所在の郵便局において、覚醒剤約279グラムを隠し入れた国際スピード郵便物1個を、埼玉県川口市内所在のＩ方のＪ宛に発送した。なお、Ｉ方にＪは居住していなかった。

　本件郵便物は、日本到着後の4月5日、税関検査により覚醒剤4袋が隠し入れられていることが発覚し、クリーン・コントロールド・デリバリー（監視付移転）捜査が実施された。4月11日、覚醒剤を代替物に入れ替えた郵便物（代替郵便物）が、宛先の川口市内のビルのＩ方に配達された。

　Ｓは、ＦからのＩ依頼を受けてＩ方を訪れ、代替郵便物を受け取ろうとしたが、結局受け取らずにＩ方を出た。張り込みをしていた警察官が、Ｓに対する職務質問を行い、その後、Ｓを逮捕した。

　Ｓは、覚醒剤取締法違反、関税法違反で起訴された。公判において、弁護人は、本件郵便物の中に違法薬物が隠し入れられていることはＳは知らなかったなどと主張した。

|判|決|要|旨| 有罪（懲役5年6月、罰金200万円）

　Ｓが使用する携帯電話内の「備忘録」の中には、本件メモが保存されていた。Ｓの故意及び共謀の有無を検討すると、本件メモは、違法な物が入った郵便物の受取に関するメモであるから、これを見た者は、本件郵便物の中に違法な物が入っていると認識するのが自然である。そうすると、Ｓは、本件

メモを保存した3月31日時点で、本件郵便物の中に違法な物が入っている可能性を認識したものと認められる。

　中国から国際郵便で発送される違法な物で、手配役、見張役、受取役やそれらに指示を出す黒幕が存在するなど組織が関与するようなものとしては、覚醒剤を含む違法薬物が典型的な物として想起できるから、Ｓが、本件郵便物に覚醒剤を含む違法薬物が入っている可能性を認識していたものと認められる。

解説

　本件で密輸入された覚醒剤の量は約279グラムと相当多量であり、約9,300回分の使用量に相当し、国内に拡散した場合の害悪は大きかった。本件犯人は、国内の回収役として覚醒剤密輸の完遂に当たって重要な役割を担っていた。

　本件メモの内容をみると、「もうできたよ。午後郵送に出すから」、「取りに行く時は、気をつけるんだよ」、「誰か受取役を手配して」、「行った日に周辺やビルの上に変に関係なさそうな人が多かったりすると要注意」等の記載があり、「中国の友達から受け取る」といった記載と併せると、中国から発送される郵便物につき、受け取る際には受取役を手配したり、周囲を警戒する旨の注意点を記載したものと判断された。

　また「イヤホンを付けている人、黒の革靴を履いている人、運動靴を履いている人、腰のところに膨らみのある人は、いい人ではない可能性が高い。平常心で臨機応変に状況を判断することが大事。あっちはなんでも証拠次第だから」との記載をみると、警戒の相手方は警察等の捜査機関を念頭に置いていることが明らかである。

　さらに、「手に持った状態で見つかってしまった場合、何も知らないと言うようにと受取役に伝えておいて。」などの記載からも、本件郵便物の中身は捜査機関に対して知らないと弁解しなければならない、違法な物が入っていることが明らかであった。

80 覚醒剤密輸の運搬役

札幌地裁令和元年 9 月 2 日判決

> 根拠法条：刑法60条、覚醒剤取締法41条、関税法69条の11、109条
> 参考文献：裁判所 web

ポイント　**違法薬物密輸の未必の故意**

事案概要

　カナダ在住の Z は、ナイジェリア中央銀行総裁 A を名乗る者からのメールをきっかけに、平成26年 7 月から 4 年余りにわたり、A のほか、ナイジェリア行政府上院所属 B や英国弁護士 C を名乗る者らとの間で、メール等のやり取りを重ねていた。A らによれば、Z には相続財産1,000万米ドルを受け取る権利があるとのことであった。しかし、Z は、度々手数料等を支払わされてばかりで、全く金銭を受け取れていなかった。そのため、遅くとも平成30年頃には、疑念を示したり、手数料支払を拒絶したりするようになった。

　Z は、A から、相続財産の 4 割を渡してくれれば経費負担は一切なくなる旨の提案を受け、これに応じた。その後、Z は、日本の担当者 D を名乗る者ともやり取りを重ねた結果、カンボジアに渡航して、相続財産受取に必要とされる書類を受け取って、日本に持っていくことになった。

　Z は、12月 1 日、カナダから香港経由でカンボジアに渡航し、同月 9 日、カンボジアから大韓民国経由で来日した。この渡航に関し、Z は、航空券や宿泊先を自ら手配することも費用を負担することも全くなく、B からの連絡を待ち、それに基づいて行動していた。

　Z は、カンボジア滞在中に、B からメッセージを受け、女性秘書が日本に運んでもらう書類と品物を届けに行くなどの連絡を受けた。Z は、秘書を名乗る E から、相続財産受取に必要とされる書類等をボストンバッグに入れた状態で受け取った。Z は、覚醒剤をボストンバッグ内に隠し持ったまま、日本の税関検査を通過しようとしたが、税関職員に発見された。

　Z は、覚醒剤取締法違反、関税法違反で起訴された。

判決要旨　有罪（懲役9年、罰金400万円）

本件覚醒剤は、本件バッグ内のリュックサック2個の背あて内部に縫い込んで隠されていたと認められた。その量も多量であること、相当額のZの旅費等をZ以外の者が負担したこと、複数人がZに対して行動指示をしていたことなどから、本件には密輸組織が関与していると認められる。

この種事案においては、運搬したものを確実に回収するため、密輸組織は、特段の事情のない限り、運搬者に対して荷物の運搬や回収に関する必要な指示をするものと認められる。

Zは、Bらから、税関申告書に預かり品はない旨虚偽の回答をするよう指示を受けていた。これらの事実を認識していたZは、本件バッグを受け取った時点で、その中にはBら関係者が日本に秘密裡に持ち込もうとしている物が隠されているかもしれないと認識していた。Zは、BらがZの渡航の準備と相当額の費用の負担をしていたことが分かっていた。

そうすると、Zは、本件バッグ受取時点で、そのようにしてまで日本に持ち込もうとする物として、覚醒剤を含む違法薬物を想定していたと推認することができる。

解説

本件で運び込まれた覚醒剤は約3.1キログラムと多量であり、その隠匿方法等も巧妙で、我が国に覚醒剤の害悪を拡散する現実的危険性の高い行為で、組織的密輸事案として悪質な犯行であった。

本件犯人は、密輸組織関係者から莫大な遺産を受領できるとの話に乗せられて海外に渡航した末、未必的な故意の下で覚醒剤の運搬役を担うこととなった。

豆知識㊷　マネー・ローンダリング

犯罪行為によって不正に得た資金について金融機関等を利用して浄化し、その起源を隠蔽して、合法的資金に偽装すること。資金洗浄行為のこと。組織的犯罪処罰法では、犯罪収益等の隠匿行為や収受行為を処罰している。

81 大学生による大麻密売

大阪地裁平成20年12月9日判決

> 根拠法条：大麻取締法24条の2、麻薬特例法5条、8条2項、13条1項
> 参考文献：裁判所 web

ポイント　安易な動機からの大麻多量密売

事案概要

　Nは、営利の目的で、平成20年4月29日頃から5月8日頃までの間、14回にわたり、大阪府内の自宅等において、A外6名に対し、大麻草合計約39グラムを代金合計26万円余で譲り渡した。また、Nは、自宅において、大麻草約20グラムを所持した。

　さらに、Nは、平成19年12月1日頃から20年5月8日頃までの間、多数回にわたり、B外多数人に対し、大麻草様の乾燥植物葉片合計1,938グラム余を大麻として、代金合計1,031万円余で譲り渡した。

　Nは、大麻取締法違反及び麻薬特例法違反で起訴された。

判決要旨　有罪（懲役3年2月、罰金100万円、追徴金1,041万円余）

　Nは、約5か月間に、総計約1,977グラム余の大量の大麻を譲渡していた。Nは、卸元から仕入れた大麻を1グラム程度に小分けし、これらについて、譲渡相手に応じて仕入値に100円から2,000円程度の利益を上乗せして多数の若者に譲渡していた。その対価が、1,055万300円、得た利益も189万円余に上っていることからすれば、営業として大掛かりに密売を行っていた。

　しかも、Nは、警察に検挙される危険がない等という理由で、在籍していた大学構内で大麻の受渡しを行っていたというのであり、その犯行態様は大胆かつ悪質である。Nは、このように多量の大麻を多くの若者に密売することによって大麻の害悪を社会にまき散らす一方、多額の不法な利益を得ていたもので、生じた結果も重大である。

　営利目的所持に係る大麻の量も、20グラム余と相当多量である上、すぐに密売できるようにポリ袋に小分けされていて、Nが逮捕されなければ、これらについても現実に密売に供され、その害悪が社会に拡散されていた危険性が極めて高かったといえる。Nの犯行は、相当悪質と言わざるを得ない。

解	説

　本件は、犯行当時大学生であった犯人が、知人等多数の若者に営業として大麻を密売し、営利目的で大麻を所持していた事案について、懲役3年2月の実刑判決、罰金100万円及び1,041万円余の追徴を言い渡した事例である。

　犯人は、大麻の吸引を続けている中、密売人から大麻の密売をしないかと誘われ、自己使用する大麻を簡単に得られるなどと安易に考え、大麻の密売に手を染めるようになっていった。本件犯行時には、大麻密売によって生活費等をまかなうほどに、規模を拡大していた。犯人は、経営学の勉強になるので大学卒業までは大麻密売を続けようとしていたなどと、半ば遊び半分で密売行為を行っていた。

豆知識㊸　　**コントロールド・デリバリー**

　薬物等の不正取引が行われる場合に、取締当局がその事情を知りながら、直ちに検挙せずに運搬を監視しながら、不正取引に関与する人物等を特定する捜査手法。監視付移転ともいう。この捜査手法には、薬物をそのまま運搬させる方法（ライブ）と代替物に置き換える方法（クリーン）がある。後者の場合でも、取引に関わった者について処罰規定が設けられている。

大麻の大規模栽培

奈良地裁葛城支部平成29年6月22日判決

> 根拠法条：刑法60条、大麻取締法24条、24条の2
> 参考文献：裁判所web

ポイント　営利目的の大麻の計画的栽培

事案概要

　H、I、J、Kの4名は、営利の目的で、平成28年7月頃から10月26日までの間、和歌山県内の倉庫において、大麻草を挿し木して根付かせ、水や肥料を与え、照明器具で光を照射するなどして、大麻草1万1,167本を育成し、大麻を栽培した。また、営利の目的で、大麻である植物片約2,460グラムを所持した。

　さらに、Iは、同年10月27日、大阪府内の自宅において、覚醒剤約3.5グラム及び大麻植物片約165グラムを所持した。

　Hらは、大麻取締法違反等で起訴された。

判決要旨　有罪（Hは懲役7年・罰金300万円、Iは懲役5年・罰金100万円、Jは懲役4年・罰金100万円、Kは懲役3年・罰金50万円）

　大麻栽培の犯行は、床面積が各階400平方メートル以上もある2階建ての倉庫を借り受け、約4,000万円もかけて、その倉庫に電気工事をして多数の照明器具や空調設備を施し、水道工事をして水の出せる場所を増やすなどして、光や温度、水の管理をした上で、設置したビニールハウスの中などで、苗木の育成、苗木を幼木に育成、幼木を成木に育成といった3段階に分け、合計で1万本以上の大麻草を栽培していたものである。極めて計画的かつ組織的で、稀にみる大規模な犯行といえる。

　Hらがこの倉庫で所持していた大麻草の量は、2,500グラムを超えており、その大半の2,400グラム余りが営利目的によるものであった。違法薬物

の害悪を社会に広範囲に拡散させる危険性が高く、悪質というほかない。

　Hは、多額の金銭を出して、電気工事や水道工事を業者に行わせて、電気や水道の利用契約を締結し、IやKに指示してビニールハウスを設置するなどして、大麻栽培の準備をした上、ほぼ毎日のように倉庫に詰めて、大麻草の挿し木や剪定、花の収穫・乾燥による商品化などの作業を行い、IやKに指示して水やりなどの作業をさせていた。大麻栽培や所持の犯行の首謀者で、中心的役割を果たしており、4名の中で最も責任が重い。

解説

　本件は、犯人4名による営利目的での大麻の大量栽培事案である。本件では、多額の資金を用いて、大規模な倉庫を借り受けて必要な電気工事や空調工事を行い、秘密裡に大麻を育成栽培していた事案である。

　首謀者以外の犯人のうち2名は、首謀者に指示されて準備行為を手伝い、週に5日程度訪れて、大麻の栽培に必要な水やりなどして月額30万円程度の報酬を得ていた。もう1名は、週に2、3回程度倉庫を訪れ、大麻の栽培の相談に乗り、農薬を自腹で購入して散布させるなどし、合計で40万円から50万円の報酬を得ていた。

豆知識㊹　　強制採尿

　人の尿は無価値であるため、強制的な採尿については、捜索差押令状に「医師として医学的に相当と認められる方法により行わせる」旨の条件を記載した強制採尿令状により実施される。カテーテル（導尿管）を尿道に挿入して、尿を採取する。

大麻の大量所持

東京高裁平成29年10月18日判決

根拠法条：刑法60条、大麻取締法24条の2
参考文献：WJ

ポイント　自宅建物内での大麻共同所持の認容

事案概要

　Mは、Tと共謀の上、長野県内の自宅において、大麻を含有する植物片合計約6.98キログラムを所持した。

　Mは、大麻取締法違反（大麻の共同所持）で起訴された。1審は、Mを有罪（懲役3年・執行猶予5年・保護観察付）とした。Mは控訴し、本件大麻はTが勝手に持ち込んだもので、共同所持はしていないなどと主張した。

判決要旨　控訴棄却

　Mは、本件大麻を自宅建物に持ち込み、各場所に置いたのはTであると述べる。本件大麻は、1階居間のテーブル周辺や台所の冷蔵庫の中に置かれた入れ物等の中に、葉片や巻タバコ様の状態で置かれていたほか、2階物置の冷蔵庫や、1階居室に置かれた収納ボックス、段ボール箱の中に、真空パックやビニール袋に分け、あるいは、葉片のままの状態で置かれていた。

　このように、本件大麻は、MとTが共同生活において共用し、あるいは、Mが自由に出入りしていた様々な場所で、特に厳重に隠されるなどせずに保管されていた。Mは、自宅建物内の様々な場所に本件大麻が置かれていることを具体的に認識し、具体的認識がない場所においても本件大麻が置かれた可能性を認識していた。

　Mは、かなりの長期間、同居しているTが、自宅建物内の色々な場所に、厳重に隠すまでもなく、相当多量の大麻を保管していることを認識しながら、毎日のようにTから大麻をもらって使用し、今後も同様の事態を期待

し、他人に大麻が発見されないように配慮するなどの対応をとっていたのであるから、自宅建物内におけるTの大麻保管を積極的に認容し、その保管の継続に積極的に関与していたと認められる。

　本件大麻の保管について、MとTは互いに協力し合う関係にあったのであり、MとTによる大麻の共同所持が認定でき、共謀も優に認定できる。

解説

　本件犯人らの所持に係る大麻の量は、約7キログラムと非常に多く、大麻の流通、使用等の保健衛生上の危険は大きなものであった。所持態様も、数年前から自宅建物内で所持しており、日常生活で使用するテーブル周辺、冷蔵庫や居室内の段ボール箱内など、様々な場所に置かれており、大胆な犯行であった。

　本件犯人が、共犯者と建物を借り受け居住するようになったのは平成23年9月頃であるが、翌年には共犯者が大麻を持ち込み始め、乾燥させたりしていた。

　本件犯人は大麻使用の常習者であり、自宅に置いていた大麻の中から、毎日のように大麻をもらって使用していた。また、大麻が自宅内に置いてあることが判明しないように、訪れた友人らを玄関先までしか入れず、テーブルの上など目立つところに置いてあった大麻は目にふれない場所に隠すなどしていた。

豆知識㊺　強制採血

　血液は人体の一部であるため、身体に対する法益侵害性を考慮して、強制的に血液を採取する場合、直接強制の根拠となる身体検査令状と鑑定処分許可状を併用して行う。その実施に際しては、医療従事者に依頼して行われる。

危険ドラッグの密造

84

名古屋高裁平成29年4月18日判決

根拠法条：刑法60条、麻薬取締法65条、関税法109条
参考文献：裁判所 web

ポイント　**職業的に行われた不法薬物の製造・所持**

事案概要

　Vは、平成22年頃からDと共に危険ドラッグの製造卸売業を運営し、平成24年2月頃にはUが加わった。平成25年10月頃、Dが抜けて以降、VとUが共同して運営していた。Vは、危険ドラッグのレシピの考案、原材料となる薬物の注文（仕入れ）、卸売先の危険ドラッグ販売店との交渉などを担当した。Uは、危険ドラッグ製品の製造及び出荷、原材料となる薬物の受領、薬物代金の送金その他金銭管理などを担当していた。

　Uらは、共謀の上、医療等の用途以外の用途に供するため、業として、石川県内の建物内において、指定薬物を含有する粉末に添加物を加えるなどして、錠剤約160グラムを製造し、同様な手口を用いて固形物や植片なども製造した。また、営利目的で、麻薬を含有する粉末約496グラムを国際スピード便により、国内に輸入しようとした（税関職員により発見・差し止められた）。さらに、石川県内の倉庫に、麻薬粉末約428グラムを所持するなどした。

　Uらは、麻薬及び向精神薬取締法違反、関税法違反、薬事法違反で起訴された。1審は、薬物犯罪等の成立を認め、Uを懲役6年6月・罰金300万円、Vを懲役7年6月・罰金500万円に処した。Uらは控訴した。

判決要旨　**控訴棄却**

　Uら両名が、製造卸売業を営む中で、営利目的で輸入した麻薬の量は多く、製造・所持にかかる規制薬物も多量であるから、それら薬物の害悪が社会に拡散される危険性は相当に高いものであった。営業的に麻薬を含む規制

薬物を多量に取り扱い、その害悪を社会に拡散する側の犯罪であるから、それらを使用する側に比して格段に責任は重いといわなければならない。

Ｕらが麻薬を輸入したのは、危険ドラッグの原材料を入手しようとしたもので、麻薬を意図して輸入したものではなく、故意も未必的なものにとどまる上、指定薬物の製造・所持は、その薬物の性質からして、行為の違法性を過度に評価することはできないことを考慮しても、犯情はやはり悪質であり、非難の程度も相当強い。

Ｖについては、危険ドラッグのレシピの作成や、小売店との交渉、原材料の仕入れを担当するなど、本件各犯行において主導的な役割を果たした。

所論は、原判決の規制薬物の量が多量であるとの認定・評価は、添加された無害なものを含む量をいうものであり、量刑は規制薬物そのものの量を基準に定めるべき旨主張する。しかし、規制薬物が、その作用を生じさせるに足りる程度の量含まれたものが多量にあれば、その害悪が拡散される危険性は高まるのであるから、そのような添加がなされた後の量を前提に評価を加えることが不当とはいえない。

解説

本件犯人らは、危険ドラッグの製造卸売業を営んでいた。これは規制対象が広がりつつある中で、麻薬や指定薬物などの違法薬物に当たらないものを、いわば法の規制をかいくぐる形で製造・販売をしていたものである。

犯人らは、自ら薬物の成分について正確な検査をして確かめる手段を有さず、検査を依頼することもなかった。そのため、仕入先次第では、違法薬物を原材料として仕入れてしまうおそれは非常に大きかった。

モデルガンの改造

東京地裁平成30年8月7日判決

> 根拠法条：銃刀法2条1項、3条1項、31条の3
> 参考文献：ＷＪ

ポイント　**銃刀法におけるけん銃の定義**

事案概要

　Gは、平成26年頃からけん銃に興味を持ち、市販のガスガンを分解して構造を把握するなどしていたところ、平成27年に本件類似の改造を施した改造けん銃10丁を所持していたとして有罪判決を受けた（鴻巣事件）。

　Gは、上記事件等により、改造行為を行う際には、モデルガン等に付けられているインサートが、弾丸発射の危険を防止するためのものであることは理解していた。しかし、Gは、モデルガンのインサートを取り除き、プラスチック製撃針が付いていた撃鉄を金属製撃針が付いた撃鉄と取り換え、ルーターを使って撃針穴を開けるなど、様々な改造工作を行っていた。

　Gは、法定の除外事由がないのに、平成28年12月8日、神奈川県内の自宅において、改造けん銃8丁を所持し、平成29年5月25日、同じく改造けん銃1丁を所持した。

　Gは、銃刀法違反で起訴された。公判において、弁護人は、本件改造けん銃はいずれも殺傷能力を有しないから、銃刀法所定の「けん銃」に該当しないなどと主張した。

判決要旨　**有罪（懲役3年）**

　銃刀法所定の「けん銃」に該当するためには、金属性弾丸を発射する機能を有し、かつそれが人畜を殺傷する程度の威力を有する物であることが必要である。そして、現に発射機能を有しない物でも、容易にその機能を備えたけん銃とすることができるならば、取締りの対象となると解され、けん銃が

分割されて部品の状態で保管されていたとしても、これらの部品を組み立て、修理して容易に発射機能を備えたけん銃に復元することができる場合には、その部品を一括して保管する行為はけん銃の所持に当たる。

　警視庁科学捜査研究所に所属する甲及び乙の証言並びに同人らが作成した鑑定書によれば、組み立てるなどした状態の本件各改造けん銃は、いずれも人畜を殺傷する程度の威力を有する金属性弾丸を発射する機能を有するものと認められる。証人の証言内容を含む鑑定書の内容については、鑑定人は十分な知識・経験を有していると認められ、その鑑定手法や結果に対する評価方法なども合理的で疑問を差し挟むべき点はなく、高い信用性を認められる。

解説

　本件犯人が所持していた改造けん銃は合計9丁と多数に及び、いずれも人畜を殺傷する程度の威力を有する危険なものであって、悪質な犯行であった。

　本件改造けん銃のうち、完成品の状態で押収された1丁以外の8丁の改造けん銃は、弾倉やシリンダー軸が取り付けられていない状態で発見・押収されており、弾丸を発射できる状態にするためには、これらの部品をそれぞれ組み立てる必要があった。

　犯人は、8丁について、いずれも部品を一括して保管していたが、その組立てに特別な工具は不要であった。例えば、2丁の改造けん銃には撃針が不足していたが、撃針は、ペンチ等で切断して切断面をヤスリで磨いた釘にガムテープを巻いた物を撃鉄に取り付けることで代用可能であった。これらの組立てや修理、不足部品の代用品の作製には、特別の工具や高度な技術は不要であり、容易に行うことが可能であった。

けん銃の加重所持

名古屋高裁平成30年8月21日判決

根拠法条：刑法60条、銃刀法3条1項、31条の3
参考文献：裁判所 web

ポイント　暴力団組織での禁制品隠匿

事案概要

　Rは暴力団丁組の若頭、NはRの舎弟、FはRの元妻である。Nは、平成29年5月30日夕刻、F方を訪れて、回転弾倉式けん銃1丁及び適合実包10発（本件けん銃等）を預けた。6月14日、F方の捜索が行われ、F方にあった黒色バッグ内から本件けん銃等が発見された。Fは、本件けん銃等所持の現行犯人として逮捕された。

　Nは、F方の捜索実施を知るや駆け付け、F方前路上で警察官に「あれは俺のだ。」「暗証番号も知っている。間違いないだろう。」などと言った。RもF方に駆け付け、玄関前で立ち塞がる警察官らに対し、今にも泣き出しそうな表情をして、「あれは俺のだ。Fは関係ねえ。そこをどけ。俺を逮捕すればいいだろう。」などと言い、F方に向かって大声で「あれは俺のだと言え。」などと言った。

　Rは、6月19日、本件けん銃等所持容疑で通常逮捕された。Nは、6月20日、自ら警察に出頭し、本件けん銃等所持容疑で通常逮捕された。

　Rは、Nと共謀して、F方において、本件けん銃等を保管して所持したという事実（銃刀法違反）で起訴された。1審は、RとNとの共謀関係を認めず、Rを無罪とした。検察官が控訴した。

判決要旨　原判決破棄・有罪（懲役7年）

　R、N、Fの関係、従前の経緯、NがF方に本件けん銃等を預けた状況、Fの認識等に鑑みれば、本件けん銃等は、RがNに指示してF方に持参させたものとみるのが自然かつ合理的である。

Nは「第三者から本件けん銃等を取得したものの保管場所に困り、一時的な保管場所として、Rに無断でこれをF方に預けた」旨いう。けれども、暴力団組織に所属する者が、組織の幹部や兄貴分に無断で、その近親者方に自分の私物たる禁制品のけん銃等（もしその所在が警察に見付かれば、当該近親者、幹部や兄貴分が身柄拘束を含む厳しい捜査の対象となること必至のもの）を預けるなど言語道断であり、もし発覚すれば苛烈な制裁を受けることは必至の重大な不義理である。N自ら所有するけん銃等を、Rに断りなくF方に預けるなど到底考えられない。N供述は、不自然不合理というほかなく信用できない。

解説

本件は、暴力団幹部によるけん銃加重所持の事案である。暴力団幹部は、共犯者と共謀の上、元妻方で回転弾倉式けん銃1丁を適合実包10発（本件けん銃等）と共に保管して所持した。暴力団幹部が、舎弟分の共犯者に指示して、情を知らない元妻方に持参させた。

なお、1審判決では「暴力団組織に所属する者が、その暴力団幹部や兄貴分として慕っている人物及びその妻らに、重大犯罪の嫌疑を及ぼしてしまうような行為をしない、などという経験則があるとはいえない。」などと判断して、共謀関係を否定していた。

豆知識㊻　けん銃の加重所持

けん銃を不法所持する者が、当該けん銃に適合する実包等を共に携帯・保管等する場合、速やかに発砲することが可能となり、けん銃のみの単純所持よりも社会に及ぼす危険性が増大するため、重く処罰することとしている。

第6

鑑識・鑑定

DNA資料の不適正採取

87

東京高裁平成28年8月23日判決

根拠法条：刑法130条、235条、刑訴法197条、218条、317条
参考文献：判タ1441号

ポイント　DNA資料採取目的を秘匿した捜査方法

事案概要

　Sは、平成17年3月に前刑を仮釈放されると、その数か月後には生活費が尽きたため、専ら盗みをして生活していた。平成25年6月には、工事現場の仮設休憩所内に侵入し、現金約1,000円及びカップスープなどを窃取した。その後、Sは、荒川河川敷にテントを張ってホームレス生活をしていた。

　警察官2名は、平成27年1月28日、Sのところへ赴き、話を聞きたいと述べた上、周辺のホームレスについての話をし、その際、持参した紙コップで温かいお茶を勧め、Sが飲んだ後、DNA採取目的を秘し、そのコップを廃棄するとして回収した。そして、Sが使用した紙コップからDNA資料を採取し、その資料を基に逮捕状の発付を得た。Sの逮捕後には、口腔内細胞の任意提出を求め、DNA型鑑定により鑑定書が作成された。

　Sは、住居侵入、窃盗で起訴された。1審公判において、Sは、相手は警察官だと名乗らなかった、名乗っていたらお茶は飲まなかったなどと述べ、弁護人は、本件鑑定書は違法収集証拠であるなどと主張した。

　1審判決は、本件では、なんらSの身体に傷害を負わせるようなものではなく、強制力を用いたものでもない、本件窃盗の時効が切迫する状況にあり、DNAサンプル採取に高度の必要性、緊急性が認められるなどとして、鑑定書の証拠能力を認めて、Sを有罪（懲役2年4月）とした。Sが控訴した。

|判|決|要|旨|　原判決破棄・有罪（懲役１年10月、一部窃盗は無罪）（確定）

当事者が認識しない間に行う捜査について、本人が知れば当然拒否すると考えられる場合に、そのように合理的に推認される当事者の意思に反してその人の重要な権利・利益を奪うのも、現実に表明された当事者の反対意思を制圧して同様のことを行うのと、価値的には何ら変わらないというべきであるから、合理的に推認される当事者の意思に反する場合も、個人の意思を制圧する場合に該当する。したがって、本件警察官らの行為は、Ｓの意思を制圧して行われたものと認める。

警察官らの捜査目的が個人識別のためのＤＮＡの採取にある場合には、警察官らが行った行為は、なんらＳの身体に傷害を負わせるようなものではなく、強制力を用いたりしたわけではなかったといっても、ＤＮＡを含む唾液を警察官らによってむやみに採取されない利益（個人識別情報であるＤＮＡ型をむやみに捜査機関によって認識されない利益）は、強制処分を要求して保護すべき重要な利益であると解する。

本件捜査方法は、強制処分に当たるというべきであり、令状によることなく身柄を拘束されていないＳからその黙示の意思に反して唾液を取得した警察官らの行為は、違法といわざるを得ない。

|解|説|

本件における捜査手法は、ＤＮＡ資料採取目的を秘した上、紙コップに注いだお茶を飲むように勧め、使用したコップの管理を放棄させて回収し、そこからＤＮＡサンプルを採取するというものであった。

本件捜査手法が任意捜査の範ちゅうにとどまり、任意捜査の要件を充足すれば許されるのか、それとも強制処分に該当し、令状によらずに行った本件捜査は違法となるのかが問題とされた。

本件捜査段階では、２件の犯罪事実のうち１件について、犯行現場から犯人が遺留したとみられるＤＮＡが採取されていたため、警察では同種手口の前歴のある本件被告人に目星をつけていた。

現場遺留物のＤＮＡ型鑑定

最高裁平成30年5月10日判決

> 根拠法条：刑法130条、174条、刑訴法411条3号
> 参考文献：判タ1458号

ポイント　ＳＴＲ型のＤＮＡ型鑑定の高い信用性

事案概要

　Ｑは、平成27年2月22日午後9時41分頃、大阪府堺市内のマンションに、1階オートロック式の出入口から帰宅した住人Ａに追従して侵入した。Ｑは、自己の陰茎を露出して手淫しながら、1階通路から階段で2階通路に上がり、Ａ方の玄関前まで後を追った。Ａは、手淫しているＱに気が付き、玄関ドアを閉めて110番通報した。

　間もなく臨場した警察官が、現場の実況見分を実施したところ、玄関ドア下の通路上に精液様のたまりを発見し、専用綿棒を使って、本件資料を採取した。捜査段階で、科学捜査研究所が実施した本件資料の鑑定（科捜研鑑定）では、ＳＴＲ型検査等により検出された15座位のＳＴＲ型とアメロゲニン型が、Ｑの口腔内細胞のものと一致した。

　Ｑは、邸宅侵入、公然わいせつで起訴された。1審では、Ｑは犯人との同一性を争ったが、本件資料について実施された大学医学部Ｆ教授によるＤＮＡ型鑑定（Ｆ鑑定）を踏まえ、Ｑを有罪（懲役1年）とした。

　一方、2審では、本件資料が混合資料である疑いを払拭することができず、Ｑと犯人との同一性について合理的疑いが残るとして、1審判決を破棄して、Ｑを無罪とした。検察官が上告した。

判決要旨　原判決破棄・控訴棄却（第1審判決維持）

　原判決は、一般には、資料が一人分のＤＮＡに由来すれば、1座位に3種類以上のＳＴＲ型が出現することはないのに、Ｆ鑑定で、1座位において3

種類のＳＴＲ型を検出し、かつ、本件資料がマンションの通路上という他者のＤＮＡの混合があり得る場所で採取されたことから、二人分以上のＤＮＡが混入している疑いが生ずる、Ｆ鑑定が本件資料に他人のＤＮＡが混合した疑いがないとしたのは、刑事裁判の事実認定に用いるためのものとしては十分な説明がなされていない、とする。

しかしながら、Ｆ鑑定は、本件資料から抽出した三つのＤＮＡ試料液の分析結果に基づいて、15座位で、それぞれ１本又は２本のＳＴＲ型のピークが明瞭に現れ、かつ、そのピークの高さが一人分のＤＮＡと認められるバランスを示していると説明するところ、１座位で三つ目のＳＴＲ型が検出された点に関する説明を含め、その内容は専門的知見に裏付けられた合理的なものと認められる。

原判決が、本件資料は一人分のＤＮＡに由来し、ＱのＤＮＡと一致する旨のＦ鑑定の信用性には疑問があるとして、Ｑと犯人との同一性を否定したのは、証拠の評価を誤り、ひいては重大な事実の誤認をしたというべきであり、これが判決に影響を及ぼすことは明らかであって、原判決を破棄しなければ著しく正義に反すると認められる。

解説

本判決は、ＳＴＲ型によるＤＮＡ型鑑定の信用性に関する初めての最高裁判例である。ＳＴＲ型によるＤＮＡ型鑑定は、その科学的原理、知見の信頼性が確立し、個人識別性の高さから、犯罪捜査において大きな役割を果たしている。

なお、本判決では、科捜研鑑定についても原判決が混合資料の一部が当初のオリジナルなＳＴＲ型以外の形式で再現されたものである可能性が否定できないなどと批判していた点に関して、本件資料が採取された経緯、その保管及び鑑定の実施方法には問題がないこと、科捜研鑑定の精液検査で精子が確認されていることなどから、本件資料に犯人の精子以外の第三者のＤＮＡが混入した可能性は認め難い、と判示している。

女児誘拐殺人事件とＤＮＡ型鑑定

89

千葉地裁平成30年7月6日判決

根拠法条：刑法176条、181条、190条、199条、225条、刑訴法317条
参考文献：判タ1458号

ポイント　　ＤＮＡ型鑑定による犯人性の認定

事案概要

　Ｙは、登校中の乙（当時9歳の女児）が13歳未満であることを知りながら、乙を略取又は誘拐して、強いてわいせつな行為をしようと考え、平成29年3月24日、乙を自らの軽自動車に乗車させて連れ去って、自己の支配下に置いた。

　Ｙは、その後、ＳＭ用手足錠を用いて乙を拘束し、裸にして身体をなめ回し、頸部を何らかの方法で圧迫して、窒息死させた。そして、Ｙは、乙の死体を排水路の橋下に遺棄した。

　Ｙは、わいせつ略取誘拐、強制わいせつ致死、殺人、死体遺棄で起訴された。公判において、弁護人は、Ｙは犯行当日に死体遺棄現場付近に行ったことはあるが、釣りの下見に行っただけで、本件犯人ではないなどと主張した。

判決要旨　　有罪（無期懲役）

　Ｙの犯人性を根拠付ける事実として、①乙の遺体腹部の付着物から、Ｙと乙の各ＤＮＡ型を混合したＤＮＡ型が検出されたこと、②Ｙの使用するＥ車の運転席側後部席ドアステップ、後部席床マット、軍手等の車内積載物に付着した血液のＤＮＡ型が、乙のものと一致したこと、③Ｙの使用するキャンピングカー内のコンテナボックスから発見されたネクタイの結束部の付着物のＤＮＡ型が、乙のものと一致したことが挙げられる。

　資料①（遺体腹部の付着物）の混合ＤＮＡ型については、二人で作製されたものと認められるところ、同資料が乙の遺体腹部から採取されたものであり、乙のＤＮＡが含まれていることを前提として、残り一人がＹであるとい

う仮説は、残り一人がＹ以外の誰かであるという仮説と比べ、約350京倍起こりやすいというのである。日常生活の中で児童の腹部に第三者のＤＮＡが付着する事態は想定し難いから、Ｙが本件犯行の際に乙の腹部にＤＮＡを遺留した犯人であると強く推認させる。

　資料②（Ｅ車内の血液）のＤＮＡ型については、全て乙のＤＮＡ型と一致しており、乙のＤＮＡ型の希少性を踏まえれば、乙の血液がＹのＥ車に付着したものと認められる。乙の遺体の頭部顔面がうっ血し、両眼の周囲や額に多数の溢血点があり、鼻等の毛細血管が破綻して出血したとして矛盾はないこと、乙が本件被害の際に複数箇所から出血していたことが認められるところ、Ｅ車内の乙の血液の付着は、ＹがＥ車を使用して本件犯行に及んだ犯人であることを強く推認させる。

　資料③（ネクタイ結束部の付着物）のＤＮＡ型についても、乙のＤＮＡ型と一致しており、その希少性を踏まえれば、乙のＤＮＡがＹのネクタイ結束部に付着したものと認められる。Ｙと乙との関係を考えれば、本件犯行以外でそのような機会があったと認めるべき特段の事情もない。

解説

　本件は、犯人が、登校中の当時９歳の被害女児をわいせつ目的で拐取した上、わいせつな行為をし、窒息死させた後、その遺体を橋の下に捨てて遺棄したという事案である。

　犯人は被害者の通う小学校のＰＴＡ会長であったことなどから、本件は大きく報道され、社会の耳目を集めた。

豆知識㊼　ＤＮＡ型鑑定

　人の細胞の核内にあるＤＮＡ（デオキシリボ核酸）の塩基配列（多型性）を分析して行う個人識別の方法。

遺留物の指紋による犯人性立証

神戸地裁平成25年12月5日判決

> 根拠法条：刑法130条、236条1項
> 参考文献：裁判所web

ポイント　強盗犯人の遺留物からの指紋検出

事案概要

　Mは、正当な理由がないのに、平成25年3月6日午後2時45分頃、神戸市内のA（当時63歳）方に、玄関引き戸から侵入した。そして、室内で鉢合わせになったAに対して、「泥棒です。」「お金を出して下さい。」などと言い、逃れようと転倒したAに対し、その背後から腕を回して首を絞めるなどの暴行を加え、「お金を出さなかったら殺します。」などと言って脅迫し、現金7,000円を奪った。

　Mは、住居侵入、強盗致傷等で起訴された。公判において、弁護人は犯人性を争った。

判決要旨　有罪（部分判決）

　犯人は、A方玄関のガムテープを手に取って犯行に及び、何らかの理由によりそれを引き延ばした後に、それを放置して逃走したものと推認することができ、本件ガムテープは犯人が犯行時に所持していたものであると認められる。そして、本件ガムテープの状況や指紋の付着箇所からして、本件ガムテープの粘着面から検出された二つの指紋は、犯人のものである可能性が極めて高い。

　警察本部鑑定官は、本件ガムテープから検出された二つの指紋とMの指紋（右母指、右環指）とを照合したところ、いずれも一致したとの鑑定結果を報告している。前記鑑定は、指掌紋について十分な専門的知識と鑑定経験を持つ同人が、一般的に信頼性が承認されている判断方法（12点法）を用いて慎重に同一性を吟味して行ったものである上、遺留指紋とMの指紋との特徴

点の一致を検証可能な形で具体的に指摘しており、各特徴点の一致状況は、鑑定資料として添付された写真上、素人目にもほぼ確認できるものである。前記鑑定結果は十分信用できる。

　二つの指紋が犯人のものである可能性が極めて高いことに加え、MとAとの間に面識が一切なく、Mも本件当日以前に本件現場を訪れたことはない旨述べていることからすると、二つの指紋がMのものと一致した事実はMが犯人でなければ合理的に説明ができず、事件の犯人がMであることを端的に示すものである。

解説

　本件ガムテープからの指紋検出の経緯等は、以下のとおりである。事件直後に警察官が被害者宅に臨場した際、その6畳洋室の床上に、テープ部分が約250センチメートルにわたり芯から引き延ばされた状態のガムテープがあるのが発見された。その粘着面にはほこりなどがほとんど付着していなかったことから、ガムテープは引き延ばされて間もないものと認められた。そして、ガムテープの引き延ばされた部分の粘着面から、被害者以外の者の指紋が二つ検出された。

　他方で、被害者が室内で鉢合わせになった犯人から脅された際、犯人は手にガムテープを持っていたこと、本件ガムテープは事件前には6畳洋室にはなく、事件前に被害者が玄関脇の棚に置いていたはずのガムテープが事件後には棚からなくなっていたことなどが判明した。

　以上から、犯人がガムテープを引き延ばして放置したものと推認され、ガムテープの粘着面から検出された二つの指紋は、犯人のものである可能性が高いとみられた。

豆知識48　部分判決

　裁判員制度による裁判方法の一つ。複数の事件で起訴された裁判について、事件によって分離し、審理順に裁判員を選任し、審理を行って、有罪か無罪かについて言渡しをする裁判手続（裁判員法78条、79条）。

遺留足跡等からの犯人特定

91

盛岡地裁平成30年3月15日判決

> 根拠法条：刑法130条、208条
> 参考文献：ＷＪ

ポイント　間接事実の総合評価による犯人性認定

事案概要

　本件犯人は、正当な理由がないのに、平成28年6月11日午前0時25分頃、岩手県内の団地の戊方に、無施錠の玄関から侵入し、寝室において、ベッド上に寝ていた戊（当時28歳）に対し、その腹部付近に馬乗りになり、その口及び頸部付近を手で押さえ付けるなどの暴行を加えた。犯人は、午前0時45分頃、玄関から外に逃げた。

　戊は、犯人を追い掛けて玄関を出たものの、その姿を見付けることができなかった。戊は110番通報を行い、警察官らが現場に臨場した。午前2時33分頃、団地内において、靴を履かずに歩いてくるＵが発見され、職務質問を受けた。

　Ｕは、住居侵入、暴行で起訴された。公判において、Ｕは犯人性を否認したため、その犯人性が争点となった。

判決要旨　有罪（懲役1年6月・執行猶予3年）

　本件犯行後、その日のうちに、戊方台所の床面の7か所から足跡が採取された。これらの足跡は、いずれも土砂の付着した印象後間もないもので、台所の玄関付近、中央部分及び寝室入口付近に印象されていた。このような足跡の位置及び付着状況と、犯人が台所と玄関を通っていることを併せ考えれば、上記足跡はいずれも犯人が遺留した足跡であると認められる（遺留足跡）。

　遺留足跡の鑑定結果をみると、遺留足跡は、いずれも靴を履いていない足で印象されたもので、靴下を履いた状態で印象された可能性が高いと考えら

れる。遺留足跡とUの足紋を比較対照（重合法による比較対照）すると、いずれもUの足紋と似ており、特に、右足で印象された足跡と認められるものの一つは、第一趾ないし第三趾等の一部の形態並びにつま先からかかとまでの大きさの点で、左足で印象された足跡と認められるものの一つは、第一趾ないし第三趾等の配列、指の大きさ並びにつま先からかかとまでの大きさの点で、それぞれUの足紋と似ているという結果が得られた。

　遺留足跡は、いずれも部分印象である上、不鮮明であったり重複印象であったりして、Uの足紋と対照できない部分があるため、Uの足紋全体の形態と合致するものはない。しかし、遺留足跡は、それぞれ印象された部位や比較対照が可能な部位が異なるのに、いずれもUの足紋の形態と似ている上、中には、かなりの部分がUの足紋の形態と似ているものがあったことからすると、Uの足で印象された可能性が高いものと考えられる。

　遺留足跡は、Uが犯人であることを相当程度推認させる有力な間接事実といってよい。

解説

　本件では、遺留足跡が被告人の足紋の形態の特徴と似ていること以外にも、犯人の人着の特徴が符合していること、被害者と被告人の着衣の双方から、両名の混合DNAと考えて矛盾のないDNA型の微物が採取されていること、の間接事実が認められた。

　本判決では、これらの間接事実がそれぞれ独立して被告人が犯人であることを相当程度推認させるものであり、これらが同時に存在していることは、被告人が犯人でないとすると合理的に説明することはできない、と判示している。

豆知識㊾　遺留指紋

犯罪現場等で採取された指紋のうち、被害者や犯罪発見者等の協力者の指紋に該当せず、被疑者が遺留したと認められるもの。

92 画像による人物異同識別鑑定

東京地裁平成29年9月19日判決

> 根拠法条：盗犯等防止法2条、刑訴法317条
> 参考文献：WJ

ポイント　**防犯カメラ画像との同一性鑑定**

事案概要

　本件犯人は、金品窃取の目的で、平成28年7月19日午前6時18分頃、東京都渋谷区内のビル店内に、工具様のものを用いて裏口ドアの施錠を外して侵入し、現金約8,500円を窃取した。

　付近のA社の防犯カメラには、犯行の約1時間前に路上を男が歩いている様子が映っていた（A社前の男）。また、犯行時刻の約40分後には、東京地下鉄B駅に設置された防犯カメラに男が映っていた（B駅の男）。

　Gは、本件犯人であるとして、常習特殊窃盗で起訴された。公判において、Gは犯行を否認し、現場付近等の防犯カメラに映った犯人との顔貌等の同一性が争われた。

判決要旨　**有罪（懲役4年6月）**

　各所に設置された防犯カメラの映像等によれば、A社前の男及びB駅の男（これらの男）は、いずれも犯人であると認められる。犯人と認められるこれらの男とGの同一性については、大学教授甲及び科捜研研究員乙が顔等の同一性を鑑定し、甲は「限りなく同一人物に近い」と、乙は「同一人と考えられる」と、それぞれ結論付けている。

　甲教授は、二つの方法を用いて各人物の異同識別を行った。すなわち、①これらの男の各画像並びにGの写真を用いて、顔と身体の各パーツの形状等を比較する方法、②これらの男の各顔画像にGの顔の3D画像を重ね合わせてずれの程度を見る3Dスーパーインポーズという方法である。

　まず、顔と身体の各パーツの形状等を比較する方法とは、顔型や生え際の輪郭等、顔と体の各パーツに関して約50項目を取り上げ、その形状を観察して分類し、類似性を評価するというものである。甲教授は、Ａ社前の男とＧの比較においては50項目中48項目で全部又は一部が類似し、Ｂ駅の男とＧの比較においては51項目中全項目で全部又は一部が類似していたとして、いずれにしても「限りなく同一人物に近い」と判定している。

　３Ｄスーパーインポーズ法とは、これらの男の各顔画像から、鼻根境界や下顎境界等の特徴点を抽出し、これらの特徴点の全てが最も良く一致するようにＧの顔の３Ｄ画像を重ね合わせた上、座標で各特徴点の位置を測り、ずれの程度を見るというものである。甲教授は、「同一人物の可能性が非常に高い」と判定している。

解説

　本件犯人は、累犯前科を含む多数の同種前科を有し、服役を繰り返していたにもかかわらず、前刑執行終了後５か月足らずのうちに本件犯行に及んでいた。

　なお、科捜研の乙研究員は、これらの男の頭顔部の画像４枚と被告人の顔写真及び頭顔部の三次元モデルを用いて、顔の各部の形状等を比較した。その結果、眉の形状については「矛盾しない」と評価し、顔の輪郭等５項目については「類似している」と評価した上で、両者は「同一人と考えられる」と鑑定した。

豆知識㊿　　３Ｄスーパーインポーズ法

　防犯カメラ等で撮影された画像の人物確認のため、顔貌の３次元形状計測を行って立体画像を作成し、同じ撮影角度で顔貌の形態や計測等を解析して、個人識別を行う方法。３次元顔画像識別システム。

93 タイヤパンク行為とビデオ画像
仙台地裁平成30年1月16日判決

> 根拠法条：刑法261条、刑訴法317条
> 参考文献：ＷＪ

ポイント　ビデオ画像による犯行認定

事案概要

　Ｔは、平成28年10月12日午後7時55分頃、仙台市内の路上において、駐輪中のＡ所有の自転車後輪タイヤに、所持していたプッシュピンを数回突き刺してパンクさせた（損害額2,600円相当）。また、同様な手口で、Ｂ所有の自転車後輪タイヤにプッシュピンを数回突き刺してパンクさせた（損害額2,600円相当）。

　当時、警察官が、連続的に発生していた自転車パンク被害の容疑者としてＴを対象に張り込み、追跡をしていたことから、上記犯行現場においてＴを確保した。Ｔは、何もしていないなどと言いながら、白いものを投げ捨てた。それは、白いプッシュピンであった。Ｔは、器物損壊で起訴された。

　Ｔは、上記事件の公判中の平成29年5月31日午後8時10分頃、Ｄマンション南西側駐輪場において、駐輪中のＣ所有自転車の前後輪タイヤを、画鋲様の先端の細くとがったもので十数回突き刺してパンクさせた（損害額5,200円相当）。

　Ｔは、Ｃ被害の器物損壊で追起訴された。公判において、Ｔはいずれもやっていないと主張し、犯人との同一性を争った。Ｃ被害事件では、防犯カメラのビデオ画像が証拠とされた。

判決要旨　有罪（懲役1年10月）

　Ｃ車のパンク位置も含めたパンク状況に照らすと、そのパンクは、マンション駐輪場に駐輪した後に生じたものと推認することができる。加えて、このような両車輪のパンクの状況によれば、人為的にこれらの穴が開けられた事実を相当程度推認することができるところ、ほとんどが側面にあって、

距離等の離れ方の特徴もある程度似ている複数の穴であること、同じ自転車の前後輪に生じたものであるから、同一機会に生じた穴である可能性が相当高い。

　5月31日にマンション駐輪場を付近のビルから撮影録画したビデオ画像等によれば、20時9分頃にC車北側にTがT車を駐輪させ、C車前輪の奥側に身をかがめ、その後その後輪に近づき身をかがめている姿があり、いずれにおいても、身をかがめた際には手を下方に下げている。そして、T以外にC車に近づいた者は、存在しない。

　以上によれば、マンション駐輪場にC車が駐輪された後にパンクが発生したと高度に推認され、ビデオ画像によれば、T以外にC車に近づいた者はおらず、加えて、TがC車に近づいて前輪に手を伸ばし、その後後輪付近に移動して後輪に手を伸ばした事実が認められ、これとC車のパンクの状況を合わせ考慮すると、犯行をTが行った事実を優に推認することができる。

解説

　本件は、自転車3台のタイヤをパンクさせた器物損壊事件である。犯人は、パンクによる自転車所有者の被る財産的被害等を顧みず、その犯行態様は、先端のとがったプッシュピン等を何度もタイヤに突き刺すという悪質なものであった。

　パンクの具体的状況をみると、前輪、後輪ともにチューブの側面に幾つもの穴があり、間隔を置いて開いており、一つを除いて道路接地面側にはなく、車両進行中に生じたとは考え難かった。

オービス画像の同一性鑑定

福岡地裁平成31年3月25日判決

根拠法条：道路交通法22条1項、118条1項、刑訴法317条
参考文献：裁判所 web

ポイント　スーパーインポーズ法による顔貌の異同識別

事案概要

　Lは、平成27年1月14日午前0時36分頃、福岡県内の道路において、法定の最高速度（60キロメートル毎時）を35キロメートル超える95キロメートル毎時の速度で普通乗用自動車を運転して進行した。

　Lは、道路交通法違反（速度違反）で起訴された。公判において、弁護人は、本件違反車両の運転者は別人であり、Lは無罪であるなどと主張した。

　検察官は、科捜研技術吏員丙による顔貌の異同識別鑑定（丙鑑定）によれば、本件違反時にオービスに映った運転者の顔貌の画像（本件オービス写真）がLであることは明らかである、と主張した。

判決要旨　有罪（罰金5万円）

　丙鑑定は、本件オービス写真とLの運転免許台帳写真及びLの頭顔部の三次元形状データ画像それぞれの顔貌の異同識別を、形態学的検査及びスーパーインポーズ法と呼ばれる手法により鑑定したものである。

　上記比較の結果、形態学的検査では、本件オービス写真と運転免許台帳写真及び三次元形状データ画像の各人物の下顎角部の突出の程度及びオトガイ部の形状がいずれもおおむね類似していることが観察できたほか、眉、眼部等についても類似ないし矛盾しない検査結果が得られた。スーパーインポーズ法では、本件オービス写真と三次元形状データ画像の重ね合わせの結果、両眉、両眼部、外鼻、口唇部及び両耳介の概観の形状は、いずれもおおむね合致しており、さらに、人類学的計測点をプロットし、それらを本件オービ

ス写真に重ねると、写真の人物から類推される顔面各部の位置に対して、矛盾のない位置関係にあることが確認できた。一方で、本件オービス写真と運転免許台帳写真及び三次元形状データ画像の人物が別人であることを明確に示す形態学的相違点が見付からなかった。

　以上を総合的に考察すれば、運転者とＬは「おそらく同一人であると考えられる」との結論を導いている。

|解|説|

　本件は、道路交通法違反（速度違反）の違反者がオービスによって撮影されたが、その異同識別鑑定が争われた事案である。

　スーパーインポーズ法による顔貌の異同識別鑑定は、各都道府県警察の科学捜査研究所において一般的に実施されている手法である。この場合、一定の研修を受けた者が、統一化された機材やソフトウエアを用いて鑑定を実施している。その上で、比較対照する画像に映っている人物同士が別人であると考えないと説明がつかないような相違点が一つでも存在すれば、別人と判断することといった厳格な基準に基づき、一定の資格、条件に基づき、誰が行っても同一の結果が得られるような客観的な分析方法により、鑑定人の主観を極力排するような手法で鑑定を実施している。

豆知識㊿　　**行政解剖**

　死因の判明しない異状死体に対して、死体解剖保存法等により死因究明を目的として行われる解剖。監察医や大学の法医学教授等により実施されている。身元調査法では、遺族の承諾なしに警察署長が取り扱う解剖を実施できるようになっている。

95 解剖所見からの絞殺認定

岐阜地裁平成29年8月8日判決

根拠法条：刑法199条
参考文献：裁判所 web

ポイント　法医学専門家の鑑定人として死因判断

事案概要

　Wは、知人への借金を早く返済しなければならないと思い詰め、自身の生命保険金で返済することを考えるようになった。そして、脳性麻痺及び難治性てんかんを患い、昭和51年以降、滋賀県内にある病院に入院し、治療を受けていた三男の戊を一人残して死ぬことができないという思いと、戊の遺産も借金返済に充てられればという思いが高まり、戊を殺して、自分も死のうと考えるようになった。

　Wは、平成28年12月23日、病院を訪れ、戊を病棟から連れ出し、車に乗せて病院を出発した。Wは、同日午後1時43分頃から午後12時までの間に、滋賀県、三重県、岐阜県又はその周辺において、戊（当時46歳）に対し、殺意をもって、その頸部にビニール紐を巻き付けて絞め、窒息により死亡させた。

　Wは、殺人で起訴された。公判において、Wは、戊はてんかんの発作で死亡したもので、戊の首をビニール紐で絞めていないなどと主張した。

判決要旨　有罪（懲役4年）

　証人Jは、解剖により確認した戊の状態を前提として、その専門的知見に基づき、戊の死因について、以下のように供述している。

　遺体には、頸部をほぼ一周する索条痕があり、それは蒼白帯であって、しかも8条の紫赤色皮膚変色もあったところ、これは紐状の物によって、相当強い力で絞められたことによりできたものと考えられる。

　また、頸部を圧迫した場合、その動脈は完全には閉塞されず、血液は心臓から頭部に流れ続けるが、頸部の静脈は閉塞されるため、頭部に血がたま

り、眼瞼結膜などの毛細血管が破れ、溢血点等ができ、これは心停止後に頸部を圧迫してもできないものである。遺体には、眼瞼結膜に溢血点、下顎のリンパ組織にうっ血があり、戊は、その生前に頸部が圧迫されたものと認められる。

さらに、人が急死した場合には、血の塊を分解する酵素が活性化され、血液が流動性を有し、諸臓器がうっ血傾向になり、胸腺被膜下や肺胸膜下に溢血点を生ずるところ、戊にもこれらの状態が認められ、戊が絞頸による窒息で急死したことと矛盾しない。

その他、戊には死因に直結する疾病や損傷は認められず、以上を総合すると、戊は、頸部を紐状のもので強く絞められ、窒息により死亡したものと判断される。

解説

本件は、知人への借金返済に思い悩み、脳性麻痺等の障害を持つ息子との心中を決意し、息子をビニール紐により絞殺した事案である。裁判では、犯人は、殺害行為を否認して、てんかん発作により死亡したと主張していた。

本判決では、死体を解剖した法医学教授の鑑定結果の信用性を認め、被害者は頸部を紐状のもので絞められ、死亡したものと判断した。さらに、遺体発見時に犯人車両の中に残されていたビニール紐に被害者の人体組織片が付着していたことなどから、犯人性を肯定している。

豆知識⑤2　司法解剖

検視又は検索によって、犯罪性のある死体又はその疑いのある死体について、刑訴法に基づいて死因などを究明するために行われる解剖。鑑定処分許可状によって実施される（刑訴法229条、168条）。

96　放火の事件性と犯人性

東京地裁平成29年7月20日判決

根拠法条：刑法109条、130条、刑訴法317条
参考文献：裁判所web

ポイント　侵入盗による放火行為

事案概要

　Sは、金品窃取の目的で、平成28年4月12日午後1時18分頃から23分頃までの間、東京都新宿区内の木造2階建店舗に無施錠の出入口ドアから侵入し、その頃、店舗2階において、何らかの方法で火を放ち、隣接店舗3軒にも燃え移らせた。

　本件火災の出火建物は、南北につながる長屋の最北端に位置する空き店舗である。その2階（本件現場）は、1階北側の青色ドア（本件ドア）より入ってすぐの階段からしかたどり着けない独立したワンフロアの改装中の空き店舗で、大きさは東西約4.2メートル、南北約5.3メートルで、北寄りに階段が、その南側にトイレがあり、床面の焼損が最も激しい北側部分が出火箇所であった。

　本件当日午後0時25分頃までに本件現場で内装工事をしていたO作業員らが退出して以降、本件火災の発生が確認された午後1時31分頃までの間に、本件ドアから現場に出入りしたのは、Sだけであった。

　Sは、建造物侵入、非現住建造物等放火で起訴された。公判において、Sは、金品窃取の目的で本件現場に侵入したものの放火はしていない旨述べ、非現住建造物等放火については無罪であると主張した。

　そのため、本件の争点は、①本件火災が放火によるものか否か（事件性）、及び②放火をしたのがSか否か（犯人性）の2点であった。

【判決要旨】　有罪（懲役3年6月）

　本件火災の原因としては、放火以外に電気、ガス、自然発火、たばこの不
始末、その他火源となる物が想定しうるところ、これらの可能性は排斥で
き、本件火災は放火によるものであると認められる。

　証人Pは、本件火災について、ガス、自然発火及びその他火源となる物が
原因である可能性はなく、電気やたばこの不始末が原因である可能性は考え
られるもののゼロに近く、放火によるものである可能性が高い旨証言する。
証人Pは、東京消防庁の消防官であって約300件の火災原因調査に職務とし
て携わり、火災原因調査に関して豊富な経験と専門的知識を有している上、
本件火災発生の翌日から連日6日間にわたり現場の見分を実施し、本件建物
内部やその周辺を十分に調査し、関係者らからの事情聴取の結果も踏まえて
火災原因を検討している。証人Pの証言は高い信用性を有する。

　Oらは、本件当日午前10時頃から本件現場の内装工事を行い、午後0時25
分頃までには本件建物を退出し、最後に退出した作業員は、退出時点で本件
建物2階に何らの異変も感じていないのであるから、本件放火は、午後0時
25分頃から火災発生が確認できる午後1時31分頃までの間（本件犯行時間
帯）に行われたと認められる。

　Sは、本件犯行時間帯に本件現場に侵入している上、本件火災後に現場か
らライター等が発見されていることなども考慮すれば、Sによる放火が不可
能であるという事情はないと認められるから、Sが本件建物侵入時にライ
ターを携帯していたとの検察官主張の間接事実の存否を判断するまでもな
く、Sが本件放火の犯人であると認定できる。

【解説】

　本件は、犯人が、窃盗目的で侵入した木造店舗の一室で火を放ち、近隣の3店
舗に順次燃え移らせ、いずれも一部を焼損したという事案である。

　本件犯行は、200軒以上の飲食店が木造長屋に密集して形成された繁華街の一
角にある店舗の一室で行われたものであり、延焼店舗の一部が住居に隣接してい
たことも考えると、不特定多数人の生命及び身体に被害を生じさせかねない非常
に危険な犯行であった。

第7

刑事手続の諸問題

警職法の保護と覚醒剤事件捜査

神戸地裁平成26年9月5日判決

> 根拠法条：警職法3条1項1号、覚醒剤取締法41条の3
> 参考文献：裁判所 web

ポイント　**保護手続解除後の捜索差押許可状の執行**

事案概要

　平成25年10月22日午後6時20分頃、神戸市内のH方において、男女の言い争う声や「助けて」という女性の声が聞こえるという110番通報に基づき、警察官数名が臨場した。警察官らは、H方の玄関ドアを開けるよう呼び掛けたが、Hはドアを開けず、このような状態が約1時間近くも続いた。このため、消防レスキュー隊に応援要請がなされ、ドアガードを解錠して、午後7時42分頃、警察官5、6名がH方に入った。

　Hは、室内の電灯を消し、木刀を持って立っており、奥のベッドには女性Vがいた。警察官らがHに近づくと、警察官の方に向かってきたので、警察官らはHを制圧し、手錠をかけた。Hは、警察署に連行されて事情聴取されたが、興奮状態が続き、午後9時18分頃保護室に収容された。Hは、保護室内においても、壁を叩いたり、顔をぶつけたりしていた。Hについて、翌日午前11時43分頃、保護が解除された。

　他方、Vは警察署に任意同行され、2日前にHと覚醒剤を一緒に使用した旨供述し、Vの尿から覚醒剤成分が検出されたことから、覚醒剤自己使用で通常逮捕された。Vの供述に基づき、Hに対する捜索差押許可状（尿、着衣等）が発付された。

　Hは、保護を解除された後、捜索を受けて尿を任意提出した。Hの尿について予試験をしたところ、覚醒剤成分の陽性反応が認められた。Hは、覚醒剤自己使用で緊急逮捕され、H方居室から覚醒剤が発見・差し押さえられた。

　Hは、覚醒剤取締法違反で起訴された。公判において、弁護人は、Hの保護は警職法上の要件を具備せず、覚醒剤取締法違反の捜査を目的としたもので、実質的には令状によらない違法な逮捕であるなどと主張した。

判決要旨　有罪（懲役2年）

> 　警察官がH宅に進入した目的は、110番通報を受けて、助けを求めている女性の状況確認と保護にあると認められる。Hは、警察署に連行された後も、警察官に対し「殺してやる」などと悪態を付くなどして興奮状態で、保護室に収容することが必要と考えられる状態にあり、保護室に収容した後も、深夜まで落ち着かず壁に頭をぶつけたり、救急車を要請する事態になるなど異常な挙動を続けていた。
>
> 　当夜のHの異常な挙動は精神疾患等による妄想に基づくものと考えられ、酩酊者と異なり、自然と時間の経過により精神錯乱が解消するというものではないから、一見落ち着いた様子が見られるようになったからといって、保護終了後の適切な措置が確定しないままに保護を解除することが相当とも考えられない。
>
> 　Hに対する覚醒剤取締法違反の嫌疑があるのに、保護中だからといって、覚醒剤取締法違反事件の捜査を中断することは相当でないし、他方で、保護中に覚醒剤取締法違反の事実について取り調べたり、尿の任意提出を求めることも相当でないから、保護の解除直後に捜索差押許可状を執行したことはやむを得ないことであって、違法とはいえない。

解説

　本件は、警職法に基づき適正に保護した対象者が、その後の捜査手続により覚醒剤の自己使用と所持により起訴され、有罪とされた事案である。

　保護については、警職法に基づき、精神錯乱のため、自己又は他人の生命、身体に危害を及ぼすおそれのある者として、応急の救護を要するとして実施されていた。

薬物犯人偽装と警察業務妨害

福井簡裁平成30年5月21日判決

> 根拠法条：刑法233条
> 参考文献：WJ

ポイント　警察に対する「いたずら」による徒労の業務

事案概要

　Nは、平成29年8月26日午後3時59分頃、福井市内の交番前路上において、交番勤務の警察官Aの面前で、覚醒剤様に偽装した白色結晶粉末在中のチャック付きポリ袋を、着用していたズボンのポケットから故意に落とし、これを拾って逃走した。

　Aは、違法薬物を所持した犯人が逃走を図ったものと誤信し、Nを追跡するとともに、Aからの無線連絡に基づき発せられた指令等により、その頃から午後7時25分頃までの間、福井県警察職員28名に、逃走現場への臨場、Nの警察署への任意同行、Nに対する取調べ等の徒労の業務に従事させた。その間、Nの行為がなければ遂行されていたはずの警察職員らの刑事当直、警ら活動、交番勤務等の業務の遂行を困難にさせ、偽計を用いて人の業務を妨害した。

　Nは、偽計業務妨害で起訴された。公判において、Nは、業務妨害の範囲に関して、交番で検査してグラニュー糖と分かり帰してもらえるか、せいぜいパトカー1台、2、3人の応援だと認識していたにすぎない、予試験で砂糖と判明した時点までが業務妨害罪の成立範囲であるなどと主張した。

判決要旨　有罪（罰金40万円）

　本件において、Nは、交番前路上において、警察官Aの面前で、覚醒剤様に偽装した白色結晶粉末在中のチャック付きポリ袋を、故意に落とし、これを拾って逃走している。

　このような妨害行為に対しては、これを強制力によって排除することは不

可能であり、白色結晶粉末が違法薬物でないと直ちに看破できない限りは、これに対応する徒労の業務を余儀なくされるのであるから、その結果として、Nの妨害行為さえなければ遂行されていたはずの刑事当直、警ら活動、交番勤務等の業務は、業務妨害罪の業務に当たる。

　覚醒剤所持事案においては、職務質問及び所持品検査を行い、何らかの薬物様の物ないしはその使用用具が発見されれば、薬物予試験を実施し、仮に、薬物予試験において陰性若しくは陽性反応とは異なる変色を呈した場合においても、本鑑定を実施する必要が認められるため、薬物様の物を保管する措置をとった上、被疑者を警察署に任意同行し、薬物様の物の押収手続や、被疑者に対し、任意採尿を求める等の捜査を行うことになり、被疑者が逃走や証拠物の隠匿を図るなどの行為をした場合には、少なくとも30名前後の警察職員が動員されるというのである。

　本件でなされた捜査や動員された警察職員も、Nが警察官に誤信させようとした覚醒剤所持の犯人が逃走を図った事案に必要かつ相当なものであったと認められる。

解説

　業務妨害罪の客体には、強制力を行使する権力的公務は含まれないと解されている。その理由は、暴行・脅迫に至らない程度の威力や偽計による妨害は強制力によって排除しうるから、保護するまでの必要がないと考えられるからである。しかし、本件のような妨害行為は強制力によって排除することは不可能であるため、警察業務であっても業務妨害罪が成立すると判断された。

　本件犯人の動機は、動画サイトに投稿して広告収入を得ていたが、再生回数が思ったほど伸びなかったので、多額の広告収入を得る目的で「いたずらどっきり」をしようと考え、本件を思い付いたとのことであった。

公道での不適正な身体検査

東京高裁令和元年7月16日判決

> 根拠法条：刑訴法336条、397条
> 参考文献：裁判所 web

ポイント　陰部付近の身体検査

事案概要

　平成29年11月12日午前2時20分頃、警察官Bらはパトカーで警ら中、東京都内の公道上で、後部ナンバー灯が滅灯している自動車を発見し、職務質問を開始した。無線照会すると、運転者Lの薬物犯罪歴が判明した。Bらは、車内検索や所持品検査を行ったが、薬物等は発見されなかった。

　Bらは、Lに対して任意採尿や腕をまくって見せるよう求めたが、Lは令状がなければ応じないという態度であった。Bらは、Lに対する強制採尿令状を裁判所に請求し、午後0時頃に発付を受けた。

　Lに対して、15日午後4時57分頃、強制採尿令状が示され、病院まで同行後、自ら尿を出した（任意採尿）。Lの尿から覚醒剤成分が検出され、本件鑑定書が作成された。

　Lは、覚醒剤取締法違反（自己使用）で起訴された。1審は、本件鑑定書の証拠能力を認めて、Lを有罪とした。Lが控訴した。

判決要旨　原判決破棄・無罪

　Lは、警察官Bからの要求に応じて、着衣の上からの身体検査を承諾し、それに応じていたが、陰部付近を触られることまで承諾していたとは認められない。着衣の上からとはいえ、被疑者に何ら断ることなく陰部付近を触るという行為は、個人のプライバシーに対する配慮を欠いた不適切なもので、実質的に無令状でLの身体に対する捜索を実施するに等しい。警察官が着衣の上からLの陰部付近を触った行為は、職務質問に付随する所持品検査とし

て許容される範囲を超えた違法なものであるといわざるを得ない。

　警察官が、当初、Ｌに対して、職務質問に対する応答の仕方や薬物犯罪歴等から、違法薬物の所持及び使用の嫌疑を抱いたこと自体は正当であるものの、その後は、Ｌの陰部付近に薬物を隠匿しているのではないかと考えて、令状がないのに意図して陰部付近の捜索を行い、続けざまにＬに対してそのプライバシーや羞恥心への配慮を全く欠いたまま公道上でパンツを脱ぐよう要求し、実際にパンツを脱ぐに至らせた。

　以上の手続的な違法を糊塗するために、本件令状請求の疎明資料に、裁判官をして覚醒剤の隠匿の嫌疑に関する事実を誤解させる記載をして裁判所に提出した。このような一連の捜査の過程は、違法に違法を重ねるものであって、令状主義の精神を没却する重大な違法があるといわざるを得ない。本件鑑定書を証拠として許容することは、将来における違法捜査抑制の見地からしても相当でない。

解説

　本件では、捜査対象者から尿を採取するに至る捜査過程において、令状主義を没却するような重大な違法があるとして、鑑定書の証拠能力が否定された事例である。

　特に、当初の身体検査において、警察官としては、陰部付近以外について身体検査を行った上で、相手に何かを隠匿していないか尋ねるとともに、その対応に応じて、プライバシーにも配慮しつつ、パトカーの中や警察署に移動するなどして、更に陰部付近の所持品検査を続行するといったことが十分に可能であった、と判断された。

豆知識㊼　身体検査令状

　捜査機関が人の身体について検証を行う場合に必要とされる令状（刑訴法218条1項、129条）。なお、被疑者を逮捕した場合に、逮捕の現場において身体の検査をすることは、捜索、差押えと同様に、令状を要しない（刑訴法220条1項）。

令状請求のための留め置き

東京高裁平成22年11月8日判決

> 根拠法条：覚醒剤取締法19条、41条の3、刑訴法197条1項、317条
> 参考文献：判タ1374号

ポイント　**職務質問に伴う留め置き措置**

事案概要

　警察官甲らは、平成22年2月5日午後3時48分頃、対向車線上で普通乗用自動車を運転するQの挙動等に不審事由があると判断し、車両を停止させて職務質問を行った。甲らは、Qに薬物関係の前歴があることや腕に真新しい注射痕があったこと等から、薬物使用の疑いを強め、尿の任意提出を求めたが、Qは拒んだ。甲らは、午後4時30分頃、Qに対して、強制採尿令状を請求するから待つように言った。Qは、午後5時頃、自車に乗り込んだため、甲らが説得のためパトカーを近くに停め、Q車の周囲にも待機していた。

　午後7時頃、警察から簡裁裁判官に対して強制採尿令状の請求がなされ、午後7時35分頃、令状が発付された。甲らは、午後7時51分頃、Qに対して令状を示した上で病院に連行し、午後8時43分頃、カテーテルを用いた強制採尿手続が行われた。その尿を鑑定した結果、覚醒剤成分が検出された。

　Qは、覚醒剤取締法違反で起訴された。1審は、Qを有罪（懲役2年）とした。Qは控訴し、警察官らが帰ろうとするQの自動車を取り囲むなどして違法に4時間以上留め置いて強制採尿令状が発付されて尿が採取されたものであるから、違法収集証拠となり排除されるべきであるなどと主張した。

判決要旨　**控訴棄却（確定）**

> 　本件における留め置きの適法性を判断するに当たっては、午後4時30分頃、甲巡査部長が、Qから任意で尿の提出を受けることを断念し、捜索差押許可状（強制採尿令状）請求の手続に取り掛かっていることに留意しなけれ

ばならない。すなわち、強制採尿令状の請求に取り掛かったということは、捜査機関において令状請求が可能であると判断し得る程度に犯罪の嫌疑が濃くなったことを物語るものであり、その判断に誤りがなければ、いずれ令状が発付されることになるのであって、いわばその時点を分水嶺として、強制手続への移行段階に至ったと見るべきものである。したがって、依然として任意捜査であることに変わりはないけれども、それ以前の純粋に任意捜査として行われている段階とは、性質的に異なるものがある。

　午後４時30分頃に、Ｑに対して、強制採尿令状の請求をする旨告げた上、甲巡査部長は令状請求準備のため警察署に戻り、午後７時頃裁判官に対し令状請求をして、午後７時35分令状が発付され、午後７時51分、留め置き現場において、これをＱに示して執行が開始されているが、手続の所要時間として特に著しく長いとまでは認められない。

　この間の留め置きの態様を見ると、警察官がＱに対し、その立ち去りを防ごうと身体を押さえ付けたり、引っ張ったりするなどの物理力を行使した形跡はなく、Ｑの供述によっても、せいぜいＱの腕に警察官が腕を回すようにして触れ、それをＱが振り払うようにしたという程度であった。この段階において、Ｑの意思を直接的に抑圧するような行為等はなされておらず、駐車車両や警察官がＱ及びＱ車両を一定の距離を置きつつ取り囲んだ状態を保っていたことも、必要な最小限度のものにとどまっていると評価できる。

解説

　本件は、覚醒剤の自己使用事案である。犯人は、第三者の吸引使用時に副流煙を吸引した可能性があるなどとして犯行を否認したが、強制採尿手続により得られた犯人の尿を鑑定した結果、覚醒剤成分が検出された。

　本件犯人は、職務質問が開始された当日午後３時50分頃から、強制採尿令状が提示された午後７時51分までの間、約４時間にわたり、現場に留め置かれた。この留め置きが違法な身体拘束に当たるかが、争点となった。

不適正な「なりすまし捜査」

鹿児島地裁加治木支部平成29年3月24日判決

> 根拠法条：刑法235条、刑訴法197条1項、317条
> 参考文献：判時2343号

ポイント　犯罪を実行しやすい状況の作出

事案概要

　鹿児島県内のF宅の近隣地域では、約半年間に、無施錠の自動車から現金等が盗まれる車上狙いの被害が10件発生していた。警察官乙らは、捜査の結果、一連の車上狙いにつき、Fに嫌疑を認め、Fが徘徊する深夜に尾行捜査等を行ったが、犯行現場を押さえることはできなかった。

　乙らは、Fが徘徊の際によく通る屋外駐車場に、軽トラックを無人・無施錠の状態で駐車し、助手席上に発泡酒やパンを積載した。乙らが付近で張り込んでいたところ、Fが、軽トラックから発泡酒1箱（時価2,500円相当）を盗み出したので、現行犯逮捕した。

　Fは、窃盗で起訴された。

判決要旨　無罪（確定）

> 　警察官乙らは、本件当日、Fを車上狙いの現行犯で検挙する目的のもと、軽トラックを無人かつ無施錠の状態で駐車し、その助手席上に発泡酒やパンが放置された状況を作出した上で、Fが車上狙いの実行に出るのを待ち設けていた。
> 　Fには、機会があれば車上狙いを行う意思があるものと疑われるものの、その犯罪傾向は、本件捜査を行わなくても早晩別の車上狙いを行うはずであるといえるほど強いものとは思えない。そうすると、本件捜査において、Fが狙いをつけそうな車種である軽トラックを、無人かつ無施錠で窓も少し開いた状態でFのよく通る場所に駐車し、その車内の見えやすい位置に発泡酒

やパンが放置された状態にしておいたことにより、車上狙いの実行が促進された面が多分にあるというべきである。

乙らが嫌疑を掛けていた車上狙いの内容は、その被害額は概して少額である上、その手口も自宅の周辺を徘徊中に見付けた無施錠の駐車車両から現金を盗み取るというだけの単純なものであり、その犯行頻度も約半年間に10件といった程度であって、これらによれば、Ｆに対してなりすまし捜査を行わない場合に生じ得る害悪も決して大きなものとはいえない。

本件では、Ｆには機会があれば車上狙いを行う意思があるものと疑われることを踏まえても、なりすまし捜査を行うべき必要性はほとんどなかったと評価する。

解説

本件では、財産犯について、おとり捜査類似のなりすまし捜査が行われた事案である。ここで「なりすまし捜査」とは、捜査機関や捜査協力者が、捜査対象者が犯罪を実行しやすい状況を秘密裡に作出した上で、対象者が犯罪の実行に出たところで現行犯逮捕等により検挙する捜査手法をいうとされる。これに対し、「おとり捜査」では、相手方に対する犯罪実行の働き掛けを要素としている点で異なっている。

なりすまし捜査は、任意捜査の一類型として位置付けられるが、その捜査手法が許容されるか否かは、捜査の必要性やその態様の相当性等を総合的に考慮して判断されることとなる。

本判決では、本事案において、なりすまし捜査の必要性がほとんどなく、任意捜査として許容される範囲を逸脱していると判示された。

豆知識(54)　おとり捜査

捜査機関が対象者に罪を犯すよう働きかけ、対象者が犯罪の実行に着手するのをまって、これを検挙する捜査手法。任意捜査の一つであるが、薬物犯罪のように秘密性が高く証拠収集が困難な場合に用いられることがある。

ビデオ撮影による犯人割出し

大阪地裁平成30年4月27日判決

> 根拠法条：刑法60条、103条
> 参考文献：判時2400号

ポイント　任意捜査として許容されるビデオ撮影

事案概要

　Gは、以前、過激派のいわゆる非公然アジトにいたとして検挙され、その住民登録は東京都内の過激派拠点とされる住所であった。Wは、昭和46年11月の渋谷暴動により殺人等の容疑で逮捕状が発付され、昭和59年10月には公開指名手配となり、氏名や顔写真等が掲載されたポスターも貼られ、懸賞金もかけられていた。

　捜査機関は、平成29年5月18日、広島市内のマンションJ号室で、旅館業法違反等でGを逮捕するとともに捜索差押えを実施した。その際、氏名不詳の男がおり、浴室において水溶紙と思料される紙片等を浴槽に投棄していた。警察官が制止しようとすると、その男は体当たりする等の暴行を加えたため、公務執行妨害で現行犯逮捕された。男は、後にDNA型鑑定等により、Wと判明した。

　Gは、Wについて逮捕状が発せられ、逃走中の者であることを認識してかくまっていたとして、犯人蔵匿罪で起訴された。公判において、弁護人は、本件捜査においてビデオ撮影が行われており、プライバシーを侵害する違法捜査であるなどと主張した。

判決要旨　有罪（懲役1年8月）

　本件において撮影対象とされたのは、J号室の内部ではなく、その出入口である玄関ドア及びその付近の共用廊下にとどまっており、これらの場所は、ビル周辺の建物から視認され得る状況にある。そうすると、本件において撮影対象となった場所は、通常、人が他人から容貌等を観察されること自体は受忍せざるを得ない場所といえ、プライバシー保護の合理的期待が高い

場所であるとはいえない。したがって、本件ビデオ撮影は、被撮影者のプライバシーを大きく制約するものとはいえないから、本件ビデオ撮影は強制処分には当たらない。

　捜査機関においては、Gが虚偽の住所と氏名でビジネスホテルに宿泊した旅館業法違反の捜査の一環として、GのJ号室における居住の有無及びその実態を明らかにする必要があったと認められる。そして、同室にはGのほかに氏名不詳の男も出入りしていたところ、両名による同室の使用頻度、状況等を明らかにして居住実態を確認するためには、相当期間継続して同室の出入り状況を把握する必要があったといえる。そして、その撮影態様はJ号室の玄関付近を撮影したにとどまる上、その撮影期間も3か月に満たず、捜査の目的及び必要性に照らし、不相当に長いとはいえない。

　以上によれば、本件ビデオ撮影は、前記捜査目的を達成するため、必要な範囲において、相当な方法によって行われたものといえ、任意捜査として適法である。

解|説

　本件は、過激派活動家の犯人が、氏名不詳者らと共謀の上、殺人容疑で逮捕状が発付されていた逃亡者をマンション一室に住まわせてかくまったという事案である。

　本件捜査では、当初は犯人の旅館業法違反の容疑を解明するため、犯人が居住しているとみられたマンション一室の出入り状況をビデオ撮影して記録に残すこととし、平成29年2月26日から5月18日まで実施された。

　本判決では、本件ビデオ撮影は、捜査目的達成のため、必要な範囲で相当な方法により行われており、任意捜査として適法であると判断された。

少女による写真面割

103

佐賀地裁平成30年5月30日判決

根拠法条：刑法176条
参考文献：ＷＪ

ポイント　犯罪被害者供述の信用性

事案概要

　Mは、帰宅途中のE（当時10歳の女児）を見掛けて劣情を催し、平成29年4月20日午後6時10分頃、集合住宅の階段踊り場において、Eが13歳に満たない者であることを知りながら、その背後から抱き付き、その場にしゃがみこんだEの太ももを手で押さえ、下着の中に手を差し入れて、わいせつな行為をした。

　Mは、強制わいせつで起訴された。公判において、弁護人は、Mは犯行現場に行っておらず、犯人ではないなどと主張した。

判決要旨　有罪（懲役1年6月）

　Eは、被害当日、犯人の容貌や服装について、「犯人は知らない男の人で、年齢が30から40歳ぐらい、身長が170から175センチメートルぐらい、太っても痩せてもいない体格、頬っぺたにぶつぶつがあった。服装は白色の襟付きシャツ、会社の人がはいていくような黒色のズボン、靴は運動靴ではなく、黒い靴」などと供述していた。

　そして、警察官Aは、本件犯行の翌日午前7時45分頃から、警察署でEの供述を録取すると共に写真面割を行っている。その際の状況は以下のとおりである。すなわち、面割帳には、10枚の男性の写真が綴られていた。Aは、写真面割を行う前に、Eに対し、「男の人が写っているアルバムのようなものを見せるので、この中に昨日の男の人はいるかもしれないし、いないかもしれない、だから無理して選ばなくてもいい」と注意した上で、Eに写真を見せた。Eは、別の写真を見て悩むことなく、Mの写真を選んだ。Mの写真

を選んだ理由として、髪形が前がちょっと長く、鼻がしゅっとしており、口をぐっと結んでいるところが似ていると言った。

　Eが写真面割を受けたのは、本件犯行の翌日の朝、すなわち、犯人を目撃してから10数時間後である上、警察官は、Eを暗示にかけないように面割帳に犯人がいないかもしれないことを説明するなど、写真面割は適切に行われており、Eの選別が捜査機関の暗示によってなされたとは考え難い。

解説

　本件は、当時10歳の女児を狙った強制わいせつ事件である。犯行は短時間で終了しているものの、犯人には色情犯の性質を有する窃盗等の前科があった。

　本事案において、被害女児の両目の視力は1.2であり、犯行時刻の午後6時10分頃は、日没時刻の午後6時53分に未だ間があり、犯行場所は集合住宅の階段踊り場で十分な採光が得られ、遮蔽物等もなかった状況であった。このような状況下で、被害女児は2メートル前後の至近距離で犯人を目撃しており、階段を上ってくる犯人に気付いて道を譲ろうとしていたため、犯人の観察は相応の正確性をもってなされたと判断された。

　また、犯行後の状況についても、犯人は駐車場に止めていた車に乗り込み、バックして駐車場から出て行った、犯人の乗り込んだ車のナンバーは「ろ」「○○○○」、車体の色はねずみ色であった、などとも説明しており、動揺していた様子はうかがわれない、と判示されている。

豆知識㊺　任意捜査

　強制処分を用いない捜査一般をいう。任意捜査は、捜査の目的を達成するのに必要な限りで広く許されている（刑訴法197条1項）。有形力の行使であっても、必要性、緊急性などを考慮し、具体的状況の下で相当なものは許容されている。

侵入盗確認のためのゴミ捜査

東京高裁平成30年9月5日判決

根拠法条：刑法130条、235条
参考文献：裁判所 web

ポ　イ　ン　ト　　**任意捜査として許容されたゴミ捜査**

事　案　概　要

　Ｆは、金品窃取の目的で、平成28年5月15日頃、Ａ短期大学キャンパス本館内に無施錠の5階非常口ドアから侵入し、現金392万円余を窃取した。

　本件発生時、Ａ大学は警備会社に警備を依頼しており、事務室内にセンサーが設置してあったが、何者かがこれを解除していた。その後、職員等が状況を確認したところ、事務室奥の金庫室の施錠が解かれ、金庫の中に入れていた現金が盗まれていた。

　5月16日正午頃、警察官が、Ｆの居住する分譲マンションのごみ捜査を行った。すると、ごみ1袋から、Ｆの名前が記載された宅配便の配達伝票及びクリーニング納品票と共に、本件紙片が発見された。このため、立会いの管理員からごみ袋全体の任意提出を受け、領置調書を作成した。

　本件紙片は、Ａ大学職員が券売機から回収した紙幣を金庫に保管するに当たり、券種、枚数、合計金額を記載して、紙幣の束の上に乗せて輪ゴムで束ね、オレンジ色の封筒に入れていたものであった。これは、窃盗犯人が現金を封筒から抜き取って盗み去ったもので、Ｆが本件窃盗犯人であると推認する証拠となった。

　Ｆは、建造物侵入、窃盗等で起訴された。1審は、Ｆを有罪（懲役4年）とした。Ｆは控訴し、本件紙片の領置手続は違法であり、違法収集証拠として排除されるべきなどと主張した。

判決要旨　控訴棄却

　　本件紙片等の入っていたごみ4袋は、マンション管理会社や清掃会社が占有するに至っていたものであり、本件ごみ捜査は、マンション管理会社が公益性の高い犯罪捜査に協力している状況で、清掃会社の従業員と協議して行われたものである。本件紙片等の入っていたごみ4袋は、その所持者が任意に提出した物を警察が領置したものであり、警察がごみ4袋を開封しその内容物を確認した行為は、領置した物の占有の継続の要否を判断するために必要な処分として行われたものである。

　　ごみの捜査を行う必要性について見ると、Fは、平成25年10月頃から会社事務所等を狙った侵入窃盗事件が多発し始めていた状況の中で、侵入窃盗事件の手口からその容疑者と目され、行動確認のための捜査が行われた。被害発生現場付近まで追尾できるようになってもFの行動から失尾してしまったりするなどの状況から、Fに対し多発していた侵入窃盗事件の嫌疑が高まっていたものであり、ごみの捜査を行う必要性は高かったといえる。

　　また、Fの捨てたごみの中には、被害品の一部や犯行時の犯行現場付近に存在したことを示すような証拠等が混ざっている可能性があるから、ごみの捜査を行う合理性もあったといえる。

解説

　本件は、侵入窃盗事件の捜査に関連して、警察官がマンション内のゴミステーションに捨てられたごみ袋の任意提出を受けて領置し、これを開封してその内容物を確認するなどした捜査手続が、適法と判断された事案である。

　本件捜査の経緯としては、平成25年10月頃から会社事務所等を狙った侵入窃盗事件が多発し始め、27年1月に捜査本部が立ち上げられ、手口分析から容疑者が浮上し、行動確認をすることになった。捜査本部では、必要箇所に監視カメラを設置したり、捜査関係事項照会によって防犯カメラ画像を確認したりしたが、被害現場付近で容疑者を失尾するなどしていた。

　そこで、捜査本部では、容疑者の出すごみについて捜査することとし、容疑者の居住する分譲マンション（地上20階、地下2階建て）の管理責任者らと打ち合わせ、容疑者居住階のごみを区別して回収し、ごみ置き場で清掃員立会いの下で警察官が確認することとした。

万引き事件の誤認逮捕

105

岡山地裁平成28年9月21日判決

根拠法条：国家賠償法1条1項、刑訴法210条1項
参考文献：裁判所 web

ポイント　**緊急逮捕における充分な理由**

事案概要

　本件店舗においては、平成25年1月18日から4月16日までの間、4回にわたり、育毛剤の万引き事件が発生した。警備顧問Kが4月発生事件の防犯カメラ映像を確認したところ、犯人が万引きしている状況が映っていた。Kは、注意喚起のため万引き事件について記載した「お願い」と題する書面を作成し、犯人の画像とともに、店舗従業員に配布した。

　Xは、5月7日、本件店舗に来店した。Kは、来店したXを目撃して万引き犯人に似ていると判断し、警備員にX使用の自動車の登録番号をメモするよう指示し、警備員がこれをメモした。Kは、Xが万引きの容疑者であるとして、Xの映った防犯カメラ映像の写真1枚を印画し、書面を作成した。

　本件店舗では、6月7日、育毛剤の万引き事件が再び発生した。6月9日、KはT警察署に通報し、本件犯人が5月7日に来店しており、その時確認したX車両が犯人車両である旨伝えた。警察では、車両番号からその車両の所有者等がXであることを確認し、店長から被害届を受理した。

　6月13日、警備員がXを発見し、Kに連絡した。Kは、警察官に連絡するとともに、Xを待機させるよう指示した。警察官が到着し、午前11時22分頃、Xは窃盗被疑者として緊急逮捕され、T警察署に連行された。簡易裁判所裁判官は、午後5時40分頃、Xに対する逮捕状を発付した。警察官は、6月7日のX及び妻のアリバイ供述が一致すること等を理由に、午後10時2分頃、Xを釈放した。

　警察では、6月14日、科捜研にXの写真と防犯カメラに映っていた犯人の画像を資料として送り、異同識別を依頼したところ、同日、別人であると考えられるとの連絡を受けた。このため、T警察署では本件逮捕は誤認逮捕であると判断し、署長らがX方を訪問して謝罪した。

　Xは、国及びY県に対し、本件逮捕は違法であるなどとして、合計275万円余の損害賠償を請求した。なお、万引き事件の真犯人は、9月23日に通常逮捕され、10月7日に罰金50万円の略式判決を受けた。

判決要旨　**Y県は55万円余を支払え。（国に対する請求棄却）**

　Xは、当初から一貫して犯行を否認しており、他に有力な物証等もなかったのであるから、担当警察官としては、Xの妻にXの供述する当日の行動についての裏付けを取るなどして十分な嫌疑があることを確認した上で、逮捕手続をとるなどの慎重な対応が求められていた。

　また、Xの写真と防犯カメラの画像を科捜研に送って同一性識別を依頼した際、即日、結果の報告を受けているのであるから、本件逮捕前にXの運転免許写真などを対照写真として、同様の手続をとることも可能であった。

　これらの手続をとれば、Xが真犯人でないことが容易に判明したことは本件の経緯に照らして明らかであり、Xの当時の言動や生活状況などからして、そのような慎重な手続をとる時間的余裕も十分にあったと認められる。

解説

　本件は、万引き事件の誤認逮捕事案に関して、誤認逮捕された者からの損害賠償請求が認められたものである。

　刑訴法210条1項の「罪を犯したことを疑うに足りる充分な理由」があるというためには、捜査機関として一定の証拠に基づき被疑者が犯人であると確信できる程度の状況があることを要すると解されている。本件では、被逮捕者に本件犯人であると確信できる程度の状況があったとはいえないと判断された。

豆知識㊶　**強制捜査**

　逮捕、勾留、捜索、押収、検証など、対象者の意思に反して行う強制処分を用いる捜査をいう。強制捜査は、対象者の権利・自由を制約するため、現行犯の場合を除いて、裁判官の発する令状により行うことを原則としている（強制処分法定主義）。

バッグの無令状捜索

東京高裁平成30年3月2日判決

> 根拠法条：刑訴法317条、336条、379条、400条
> 参考文献：判タ1456号

ポイント　違法捜査による覚醒剤証拠能力の否定

事案概要

　警察官甲は、別車両のナンバープレートが装着された車両に乗り込もうとしたSに対し、声を掛けようと接近したところ、Sが逃走した。甲は、Sを追い掛けて背後からそのベルトをつかんだと同時に、バランスを崩してSとともに前のめりに転倒した。甲は、応援の警察官らが到着するまで、Sのベルトをつかみ続けた。応援の警察官らが到着後、甲はベルトから手を離したが、少なくとも5、6人の警察官が取り囲み、Sを1時間近くその場に留め置いた。

　Sは、警察官らから身分を確認するものの提示や所持品検査を求められたが、これらを拒否し、知人Jを携帯電話で呼び出した。Sは、Jが近づいてくると、「預かっていてくれ」などと言いながら、持っていたバッグを渡そうとJに向かって投げた。

　Sのバッグは、Sから約4メートル先で、Jの手前約1メートルの場所に落下した。警察官らは、Jの立会いを求めて、本件バッグを開披して内容物を取り出し、取り出した封筒の中から覚醒剤を取り出して、その写真撮影を行った。そして、Sを覚醒剤所持の現行犯人として逮捕した。

　Sは、覚醒剤取締法違反（営利目的所持）で起訴された。1審は、本件バッグの内容物取り出しについては、令状を得ることなく、Sの承諾なく、職務質問に付随する所持品検査として許容される限度を超えた捜索であり、違法となると判断したが、違法の程度は必ずしも重大であるとはいえないとして、証拠能力を肯定し、Sを有罪（懲役4年、罰金50万円）とした。Sが控訴した。

判|決|要|旨　**原判決破棄・無罪**

　本件における一連の警察官らの行動は、本件バッグについて所持品検査を
する緊急性までは認められない状況で、Sが占有を継続していることが明ら
かな本件バッグを、Sの承諾なく開披して、その内容物を取り出し、写真撮
影をするというプライバシー侵害の程度が大きい態様で行ったものである。
　本件証拠上、警察官らは、Sが占有を放棄する意思ではないことが明確に
認識できる状況で、令状もなく本件バッグを開披し、内容物を取り出し写真
撮影をしているのであって、単に、強制捜査と任意捜査との区別、任意捜査
として許される限度についての判断を誤ってしまったのではなく、令状主義
に関する諸規定を遵守しようとする意識のなさが強くうかがわれる。
　したがって、本件における無令状捜索の違法の程度は重大であって、将来
の違法捜査の抑制の見地からしても、本件覚醒剤等の証拠能力は否定される
べきものであり、本件覚醒剤に関する鑑定書も同様に証拠能力を欠くもので
ある。

解|説

　本件は、警察官による職務質問を受けた者の所持していたバッグから覚醒剤が
発見されたが、発見に至る手続に法令違反があるとして、その証拠能力が否定さ
れた事案である。
　本判決では、被告人を制止して留め置くなどした行為については、任意捜査と
して許容される範囲を逸脱した違法な身柄拘束とはいえないと判断したが、バッ
グの開披、内容物の取り出し行為については、所持品検査の必要性は認められる
が緊急性は認められない、令状主義に関する諸規定を遵守しようとする意識のな
さが強くうかがわれるなどとして、違法の程度は重大であり、覚醒剤等の証拠能
力を否定すべきと判断された。

通信傍受の通知期間延長
東京高裁平成26年9月25日判決

> 根拠法条：通信傍受法30条2項
> 参考文献：ＷＪ

ポイント　捜査目的達成のための通知期間延長

事案概要

　Rは、営利の目的で、みだりに3回にわたり覚醒剤を譲渡した。また、覚醒剤を譲り渡す意思を持って、5回にわたり覚醒剤様のものを譲渡し、覚醒剤を譲り渡す行為等を業とした。Rは、覚醒剤取締法違反、麻薬特例法違反で起訴された。

　本件捜査では、傍受対象者（Rとは別人物）が使用する携帯電話について、傍受令状が発せられ、平成24年1月24日から2月20日まで通信傍受が実施された。そして、通信当事者の一人であるRに対する通知については、3月16日、5月16日、7月17日及び9月12日に通知期間の延長が請求され、いずれも請求どおり延長がなされ、結局、Rに対する通知は10月19日に行われた。

　1審公判において、弁護人は、本件通信傍受では通知期間が4回にわたり延長されているが、延長は1回に限られるなどと主張した。1審判決では、通知期間の延長は1回に限られないなどと判断し、Rを有罪とした。Rは控訴した。

判決要旨　控訴棄却

　通信傍受法23条2項〔現：30条2項〕にいう「捜査」とは、同法の立法目的が、数人の共謀によって実行される組織的な薬物重大犯罪等においては、証拠隠滅や犯人を逃亡させるなどの犯跡隠蔽工作が行われることが少なくない上、通信傍受を行わなければ組織全体を捜査し、事案の真相を解明することが極めて困難であることに基づいていることからしても、所論のように狭く解釈するのではなく、通知による悪影響を防止するためにも、通信傍受に関連する捜査一般も含むと解するのが相当である。

　本件では、最後の通知期間延長請求の時点でも、通信傍受関係者の中でRとも直接連絡を取り合っていると目される覚醒剤関係者の所在が確認できず検挙に至っていない状況であり、その所在調査等が継続している中、その者の所在が判明しないうちに傍受通知をすれば、その者に捜査が行われていることが伝わってしまい、証拠を隠滅されたり、逃亡されたりするおそれ等が現実化する可能性が高く、それにより捜査の目的が達成することができなくなるおそれがあったとみられる。

　そうすると、それより捜査が進展していない時点における以前のものを含めて、本件各通知期間延長請求について、捜査を妨げられるおそれがあったといえ、通知期間を延長する理由があったことが認められる。

解説

　本件は、通信傍受法30条2項所定の「捜査が妨げられるおそれ」があるとして、通知期間延長の適法性が認められた事案である。

　通信傍受法では、傍受記録に記録されている通信の当事者に対し、傍受記録を作成した旨等を書面で通知しなければならない旨規定している（30条1項）。これは、傍受記録に記録されている通信当事者が、傍受された通信内容を確認する機会及び不服申立てをする機会を保障し、処分の適正な実施を担保しようとするものである。

　通信当事者に対する通知については、原則として傍受の実施が終了した後30日以内に発しなければならない。そして、この期間について、裁判官は「捜査が妨げられるおそれがある」と認める場合、検察官又は司法警察員の請求により通知期間を延長することができる（30条2項）とされている。

車両追跡捜査と令状主義

最高裁平成29年3月15日判決

根拠法条：憲法35条、刑訴法197条1項
参考文献：裁判所 web

　特別の根拠規定がなければ許容されない強制処分

事案概要

　Qが複数の共犯者と共に犯したと疑われていた窃盗事件に関し、警察では、組織性の有無、程度やQの組織内におけるQの役割を含む犯行の全容を解明するための捜査の一環として、平成25年5月23日頃から12月4日頃までの約6か月半の間、Q、共犯者のほか、Qの知人女性も使用する蓋然性があった自動車等19台に、Qらの承諾なく、令状を取得することなく、GPS端末を取り付けた上、その所在を検索して移動状況を把握するという方法により、GPS捜査が実施された（本件GPS捜査）。

　Qは、建造物侵入、窃盗等で起訴された。1審は、本件GPS捜査は検証の性質を有する強制の処分に当たり、検証許可状を取得することなく行われた本件GPS捜査には重大な違法があるとして、直接得られた証拠等の証拠能力を否定したが、その余の証拠に基づき、Qを有罪とした。

　2審は、本件GPS捜査に重大な違法があったとはいえないとして、証拠能力を否定せず、Qの控訴を棄却した。Qが上告した。

判決要旨　**上告棄却**

　憲法35条は、「住居、書類及び所持品については、侵入、捜索及び押収を受けることのない権利」を規定している。この規定の保障対象には「住居、書類及び所持品」に限らず、これらに準ずる私的領域に「侵入」されることのない権利が含まれるものと解するのが相当である。

　そうすると、個人のプライバシーの侵害を可能とする機器をその所持品に

ひそかに装着することによって、合理的に推認される個人の意思に反してその私的領域に侵入する捜査手法であるＧＰＳ捜査は、個人の意思を制圧して憲法の保障する重要な法的利益を侵害するものとして、刑訴法上、特別の根拠規定がなければ許容されない強制の処分に当たるとともに、一般的には、現行犯人逮捕等の令状を要しないものとされている処分と同視すべき事情があると認めるのも困難であるから、令状がなければ行うことのできない処分と解すべきである。

本件ＧＰＳ捜査によって直接得られた証拠及びこれと密接な関連性を有する証拠の証拠能力を否定する一方で、その余の証拠につき、同捜査に密接に関連するとまでは認められないとして証拠能力を肯定し、これに基づきＱを有罪と認定した第１審判決は正当であり、第１審判決を維持した原判決の結論に誤りはないから、原判決の法令の解釈適用の誤りは判決に影響を及ぼすものではない。

解説

最高裁は、本判決において、ＧＰＳ捜査に関して、刑訴法上、特別の根拠規定がなければ許容されない強制処分に当たるとともに、令状がなければ行うことのできない処分と解すべきであると判示した。

また、刑訴法上、ＧＰＳ捜査の令状を発付することには疑義があり、立法的な措置が講じられることが望ましいと判示している。

豆知識(57)　違法収集証拠の排除

法令に違反して収集された証拠について、証拠能力を否定して刑事裁判から排除すること。例えば、拷問による自白は違法収集証拠となり、裁判から排除される。また、適正手続に違反して収集された証拠も、重大な違反があり違法捜査抑制の見地から必要なときは、証拠能力が否定される。

取調べにおける追及・説得行為

広島高裁平成24年12月13日判決

> 根拠法条：刑法60条、199条
> 参考文献：判時2226号

ポイント　捜査段階の自白の任意性と信用性

事案概要

　Vは、平成22年1月2日、自宅で妻や娘婿Fらと飲酒していたが、知人の戊（当時49歳）との電話中に、Vを侮辱する戊の発言などから口論になって、Vらは戊を謝らせようと戊方に向かった。その際、Vはナイフ（刃体の長さ約10センチメートル）を、Fはゴルフクラブを持ち出した。

　Vらは、戊方において、戊らともみ合いになり、Vが持っていたナイフを戊に突き付けても、戊が謝ることなく、依然としてVらをつかんで放さないことに腹を立てた。Vは、ナイフで戊の胸部を1回突き刺し、Fもナイフで戊の腹部を3回突き刺した。戊は、搬送された病院において出血性ショックで死亡した。

　Vは、殺人で起訴された。1審は、Vを有罪（懲役12年）とした。Vは控訴し、長期間、過酷かつ不当な取調べを受けており、自白調書等には任意性が認められないなどと主張した。

判決要旨　控訴棄却

　取調べの手法等についてみると、所論は要するに、A警部補による取調べの手法等に違法、不当な点があり、その影響が検察官による取調べや犯行再現にも影響していたことを理由として、本件各調書の任意性を争うものと理解される。

　しかし、原判決は、同趣旨の弁護人の主張に対して、A警部補が、取調べの際、「刺してるんだったら、刺したことを認めた方が反省しているということで刑が軽くなる。」「今日がタイムリミット。」などの趣旨の発言をした

ことは認められるが、A警部補は、一般論を述べたにとどまり、事実と異なる供述を迫る趣旨ではなく、そのような事情を考慮した上で自らの意思に基づき供述することが十分可能な説得の範ちゅうにとどまるものといえるから、Vの供述が任意にされていることに疑いはないという趣旨の判断を示している。

　補足すると、A警部補は、外堀が埋まっている、裸の王様になっている、逃げまくるのかなどという意味の種々の言い方もして、Vを追及する取調べをしていたことは否定し難い。しかし、A警部補のこれらの発言も、取調メモからうかがわれるVの供述内容や供述態度、あるいは上記発言の前後の脈絡等に照らせば、それ自体として強制等にわたるようなものなどに当たるとは認められない。

解説

　本件では、捜査段階の被告人供述の任意性・信用性が争点とされた。本判決では、取調べ担当警察官の発言について、一般論を述べたもので、事実と異なることを供述するよう迫るものではなく、説得の範ちゅうにとどまるなどとして、自白の任意性・信用性を認める判断を示した。

　また、取調べ時間に関しては、被告人は連日取調べを受けているが、1日の取調べは長くても8時間以内で、深夜や早朝の取調べはなく、適宜休憩時間も挟まれており、殺人事件で、共犯者との共謀の有無などが問題となっている本件事案の内容、性質等に照らして、不当に長時間の取調べが行われたものとはうかがわれない、と判示されている。

証拠としての録音録画

東京高裁平成30年4月25日判決

> 根拠法条：刑法130条、190条、240条
> 参考文献：裁判所 web

ポイント　録音録画における供述の信用性

事案概要

　Zは、金品窃取の目的で、平成28年6月20日午前2時30分頃から5時16分頃までの間、東京都内のマンション3階の丙（当時88歳の女性）方にベランダから侵入し、ベッドで眠っていた丙を起こしてキャッシュカードの所在や暗証番号等を聞き出そうと考えた。Zは、丙の頭部を右手で押さえ付けて声を掛けるなどの暴行、脅迫を加え、金品を強取しようとしたが、丙は抵抗した。

　Zは、大声を出されることを防ぐために、丙を殺害することを決意し、その頭部を両手で絞めて殺害した。その後、Zは、丙の死体を包丁等で切断して損壊し、公園の池に投棄して遺棄した。

　Zは、住居侵入、強盗殺人、死体損壊、死体遺棄で起訴された。1審は、Zを有罪（無期懲役）とした。Zは控訴し、1審判決では取調べ状況の録音録画における供述が実質証拠として用いられているが、その信用性判断は慎重さに欠けるなどと主張した。

判決要旨　控訴棄却

　本件録音録画におけるZの供述の信用性について検討すると、Zは、本件録音録画において、丙方侵入後の行動等について、金銭目的で侵入した、脅してカードを入手し暗証番号を聞き出して金を得ようと思った、丙方に侵入したところ、寝ている人がいたので、その人を起こして話をしようと思い、その人の頭を右手で押さえ付けるようにして声を掛けた、その人が目を覚ましたので、話し掛けようと思ったが、その人が手を振り払おうと暴れて起き

上がって床に立ち上がり、騒がれそうになった、大声を出されるのが嫌でその人の首を両手で絞めて殺害したなどと供述している。このような供述内容は、本件録音録画以外の証拠によって認められる本件犯行状況等とよく整合しており、その信用性は高いといえる。

　しかも、Ｚの上記供述は、逮捕事実である死体遺棄について認めたＺに対し、検察官が死体を捨てるまでの経緯を事の始めから教えてほしいなどと記憶に従った供述がしやすい質問をし、これに応えてＺが本件各犯行の概括を供述し、その供述を手掛かりに検察官が具体的な供述を求める質問をしていってなされたものである。

解説

　本件は、犯人が、住居侵入・強盗殺人を犯し、その被害者の死体を包丁等を用いて切断して損壊し、近くの公園の池に投棄して遺棄したという事案である。

　取調べ状況の録音録画における被告人供述を実質証拠として用いる場合、被告人の置かれている状況や捜査・取調べの経過等が供述に与える影響、質問の趣旨や供述表現の不適切さ等による供述の誤り等を考慮しなければ、信用性を正しく評価することができないのに、録音録画における供述態度等が強い印象を与えて誤った評価をしかねないおそれがある。

　本件では、検察官が録音録画について実質証拠として請求するものであることを明らかにし、それを踏まえた上で、被告人・弁護人はその信用性を争うことなく、証拠とすることを同意しており、録音録画における被告人供述が真実に反するものではない、と判断されている。

判 例 索 引

高等裁判所

地方裁判所

238

家庭裁判所

簡易裁判所

［著者略歴］

江原　伸一（えばら　しんいち）

1980年警察庁入庁。

富山県警察本部長、科学警察研究所総務部長、岡山県警察
本部長、中国管区警察局長等を歴任し、2014年退職。

損害保険ジャパン㈱顧問。

実務セレクト

刑事警察　110判例

令和2年5月15日　初版発行

著　者　　江　原　伸　一

発行者　　星　沢　卓　也

発行所　　東京法令出版株式会社

112-0002	東京都文京区小石川5丁目17番3号	03(5803)3304
534-0024	大阪市都島区東野田町1丁目17番12号	06(6355)5226
062-0902	札幌市豊平区豊平2条5丁目1番27号	011(822)8811
980-0012	仙台市青葉区錦町1丁目1番10号	022(216)5871
460-0003	名古屋市中区錦1丁目6番34号	052(218)5552
730-0005	広島市中区西白島町11番9号	082(212)0888
810-0011	福岡市中央区高砂2丁目13番22号	092(533)1588
380-8688	長野市南千歳町1005番地	

〔営業〕TEL 026(224)5411　FAX 026(224)5419
〔編集〕TEL 026(224)5412　FAX 026(224)5439
https://www.tokyo-horei.co.jp/

ISBN978-4-8090-1414-7